Libertà Finanziaria per Principianti

Come diventare finanziariamente indipendente e andare in pensione presto

Simone Ercolani

Disclaimer

Tutta l'erudizione contenuta in questo libro è data solo a scopo informativo ed educativo. L'autore non è in alcun modo responsabile dei risultati o degli esiti che derivano dall'uso di questo materiale. Tentativi costruttivi sono stati fatti per fornire informazioni che siano accurate ed efficaci, ma l'autore non è vincolato per l'accuratezza o l'uso/abuso di queste informazioni.

Tabella dei contenuti

CAPITOLO UNO

Introduzione alla libertà finanziaria

Guy e Tom sono due amici che lavorano insieme in un ruolo simile nella stessa azienda. Sono entrambi uguali e diversi, uguali nel senso che condividono le stesse responsabilità e gli stessi doveri, ma diversi nelle loro reazioni e volontà di eseguire questi doveri. Guy è sempre pronto a svolgerli, anche quando sorgono circostanze impreviste; è semplicemente sempre pronto. Tuttavia, Tom è il diretto opposto; è in un costante stato di panico e di crisi basato sulla lamentela di non avere abbastanza fondi per sostenere queste situazioni.

L'argomento di preoccupazione è: cosa crea questa differenza significativa tra questi colleghi?

Cos'è la libertà finanziaria?

Per molte persone o per la stragrande maggioranza di esse è importante poter soddisfare i propri bisogni o desideri in qualsiasi momento si presentino. Tuttavia, molti non sono dotati della mentalità per realizzare questo desiderio; da qui, la necessità della libertà finanziaria.

Il significato di libertà finanziaria è soggettivo alle diverse persone e alle varie situazioni in cui si trovano. Per un adolescente, la libertà finanziaria è l'indipendenza dai genitori; è non dover dipendere dal reddito o dalle indennità date dai genitori. Pertanto, gli adolescenti possono considerarsi finanziariamente liberi se hanno il loro reddito personale che finanzia il loro stile di vita a prescindere dai benefici forniti dai genitori. Per un pensionato, è la libertà di avere lo stile di vita desiderato senza lo stress della bancarotta grazie ai piani di pensionamento o agli investimenti che sono stati messi in atto. Per alcune persone, è la capacità di svolgere un ruolo che ammirano o di rimanere lavoratori autonomi senza stress per le loro finanze.

Tuttavia, la libertà finanziaria, in generale, si riferisce a uno stile di vita privo della preoccupazione o del dominio del reddito. In termini chiari, si riferisce alla capacità o allo stato di una persona di provvedere o sostenere un bisogno in qualsiasi circostanza. È una posizione in cui sei sistemato finanziariamente; qualsiasi spesa imprevista o improvvisa non causerà un'ammaccatura al tuo stato finanziario. Si riferisce a uno stato di essere economicamente indipendente senza dover dipendere dagli stipendi del lavoro. È anche importante notare che la libertà finanziaria si riferisce a una situazione senza debiti, cioè una persona che vuole affermare di essere finanziariamente libera non può affermare che il denaro che finanzia il suo stato libero proviene da un debito.

La libertà finanziaria non si limita ad essere in grado di finanziare solo le emergenze, ma anche di trovare conforto nel fatto che la tua vita dopo il pensionamento ha piani specifici in atto che assicurerebbero stabilità finanziaria e crescita. È uno stile di vita che è dominato dal denaro e dalla preoccupazione costante di fare questi fondi.

Comporta anche la capacità di andare in pensione in anticipo o di lasciare un lavoro semplicemente perché si è perso interesse in quel particolare campo ma non si ha un compito specifico a cui si è iscritti in quel momento specifico. È la capacità di permettersi uno stile di vita desiderato senza stress per il prossimo stipendio. Quindi, siete in controllo delle vostre finanze e del vostro stile di vita invece che il vostro stato finanziario che detta un particolare stile di vita che crede possiate permettervi senza crolli. È la capacità di lavorare per una collaborazione o un'azienda in base al fatto che vi piace qualsiasi ruolo vi venga dato e non perché è cruciale per le vostre finanze.

I mezzi per raggiungere la libertà finanziaria

Come detto nei paragrafi precedenti, ogni individuo cerca di raggiungere l'indipendenza finanziaria e questo stato di finanza ha diversi significati e interpretazioni per le persone. Tuttavia, ci si aspetta che queste persone passino attraverso gli stessi o simili passi per raggiungere la libertà finanziaria, da qui la ragione delle opinioni discusse in seguito;

- Stabilire degli obiettivi: Questo è un principio essenziale per l'indipendenza finanziaria; ogni idea e investimento ha bisogno di motivazione. Pertanto, un obiettivo prefissato ti aiuta a scegliere le giuste opzioni di investimento e di impiego che ti assicurano che ti stai muovendo verso un obiettivo che porta alla libertà finanziaria. Inoltre, si consiglia che questi obiettivi siano in forme chiare, specifiche e realistiche perché questo aumenterebbe la possibilità di raggiungerli. Tuttavia, anche dopo aver raggiunto una posizione in cui non ci si stressa più per il denaro, è ancora importante vivere o fare un budget in modo da non spendere troppo e tornare allo stadio precedente. È di primaria importanza essere risoluti sulla libertà finanziaria.

- Fare un budget: è vitale fare un budget prestabilito; questo aiuterebbe a regolare le spese e a garantire che la giusta percentuale sia investita per raggiungere gli obiettivi prefissati. Un bilancio serve a documentare il progresso dei risparmi e degli investimenti. Questo aiuta anche a contenere le tentazioni non pianificate e non necessarie di spendere in modo sconsiderato.

- Pagare i prestiti: se si desidera avere uno stile di vita finanziariamente indipendente, è essenziale pagare o cancellare tutti i prestiti; prestiti per studenti, prestiti per la casa o prestiti per l'auto. Se questo non viene fatto, consumerebbe o mangerebbe solo i profitti/interessi dei vostri investimenti. È fondamentale impostare tutti gli investimenti finanziari su una nuova base, in modo che il vostro desiderio di indipendenza non sia minato dal debito e dagli interessi che lo sovrastano.

- Iscriversi a un piano di risparmio automatico: Ci sono vari piani di risparmio pensionistico messi a disposizione dei dipendenti dalla loro cooperazione. Per esempio, il 401(k) messo a disposizione dei dipendenti della cooperazione privata e il Thrift Savings Plan disponibile per i lavoratori del governo federale e i membri delle forze armate, dà agli individui la possibilità di avere i loro risparmi investiti automaticamente in un piano dopo il loro pensionamento. Questi piani contribuiscono in gran parte alla libertà finanziaria a causa dell'opzione del contributo corrispondente che viene contribuito al vostro conto di risparmio personale e alle opportunità dei fondi di investimento. Inoltre, questa particolare opzione aiuta a garantire che una percentuale specifica che è stata registrata da voi sia estratta dal vostro stipendio e contribuita al vostro investimento prima di iniziare a spendere, e in alcuni casi prima della deduzione fiscale.

- Esaminare le opzioni di investimento: Questo è il modo centrale per assicurare la libertà finanziaria, dato che ogni investimento ospita interessi e crescita in base alla percentuale e al tempo in cui è stato versato. Permette anche agli individui di scegliere un'opzione d'investimento che si adatta alla loro situazione, dato che ce n'è una varietà. Tuttavia, è consigliabile iniziare a investire appena perché il suo successo e la sua crescita si basano sul tempo versato e sul tempo fissato e deciso per il ritiro. Pertanto, è essenziale esaminare le opzioni di investimento o assumere un consulente finanziario che potrebbe assistere sulla base delle conoscenze raccolte per decidere un'opzione per la vostra situazione. La crescita può essere sostenuta con un piano settimanale, mensile o annuale o qualsiasi altro piano comodamente coerente che non influenzerebbe lo stile di vita dell'individuo ma migliorerebbe e gestirebbe la crescita dei risparmi.

- Accomodare le contrattazioni: Nella maggior parte dei casi, quando gli individui iniziano a fare una certa percentuale di ricchezza, decidono che non ha senso negoziare beni che possono permettersi al prezzo dichiarato. Tuttavia, questa è un'idea di risucchio finanziario che impedisce a molte persone di risparmiare le spese se avessero chiesto o accettato un prezzo d'occasione. Questo è così perché lo trovano una ferita e il loro status e non vorrebbero apparire a buon mercato. Pertanto, è importante negoziare poiché questo potrebbe far risparmiare loro una quantità considerevole di denaro se si sottopongono a negoziare con questi venditori. Anche se alcune persone si rifiutano di negoziare perché credono che, alcune imprese non sono aperte alla negoziazione, questo potrebbe essere in effetti vero, ma alcune piccole imprese sono disponibili a negoziare il prezzo delle merci. Inoltre, comprare in massa e costantemente da un venditore attira sconti e crea un'atmosfera più rilassata per accogliere gli sconti.

- Essere informati: la conoscenza nella libertà finanziaria è potere. Per raggiungere e sostenere uno stadio di indipendenza finanziaria, è essenziale tenersi aggiornati sulle leggi, le regole e i regolamenti economici che si applicano a voi. Assicuratevi di essere aggiornati sui cambiamenti e sui miglioramenti delle leggi fiscali e sulle opzioni di investimento e di interesse; questo aiuterebbe a garantire che il vostro investimento non sia in perdita, e che possiate trarre profitto a pieno regime in base a qualsiasi opzione che scegliate per essere ragionevole e valida per i vostri desideri. Inoltre, è una difesa essenziale per evitare le persone che vorrebbero illudere un investitore dal fare opzioni di investimento cruciali o imbrogliarti dal fare il profitto necessario. Tuttavia, per evitare questo, è consigliabile impiegare i servizi di un consulente.

- Non spendere più di quanto si guadagna: Questo è di fondamentale importanza in ogni passo o viaggio finanziario; è anche di vitale importanza per il corso della libertà finanziaria. Anche se l'idea di libertà finanziaria è quella di permettersi qualsiasi stile di vita che si desidera senza la paura dell'impatto che avrebbe sulle proprie finanze. È anche di notevole importanza evidenziare "vivere al di sotto dei propri mezzi". Un individuo che ha una fretta costante di spendere i fondi o il reddito che dovrebbe essere contribuito al risparmio della libertà finanziaria si troverebbe in un viaggio senza fine. Questo non significa che si debba ridurre o limitare le spese o annullare del tutto le spese, ma semplicemente proietta l'idea che un individuo interessato alla libertà finanziaria deve essere in grado di distinguere tra desideri e bisogni. Questi bisogni devono essere messi in ordine di priorità di conseguenza.

- Assumere un consulente finanziario: Nelle conclusioni precedenti, è stato suggerito che un consulente finanziario è necessario; prima e dopo il raggiungimento della libertà finanziaria. In alcuni casi, una volta che gli individui vedono che hanno accumulato tanta ricchezza, o la investono o la spendono in modo sbagliato, da qui, la necessità di impiegare i servizi di un consulente. Un consulente finanziario aiuterebbe a gestire la ricchezza o i fondi che sono stati accumulati. Un consulente potrebbe anche essere d'aiuto nell'assicurarsi che si sottoscriva la giusta opzione d'investimento e i fondi per minimizzare i rischi. Corrispondentemente, aiutano a determinare un piano che stabilizzi la vostra libertà e anche piani di ritiro ragionevoli per la vostra situazione.

Importanza della libertà finanziaria

È il caso che alcune persone non si preoccupano della libertà finanziaria, sono soddisfatte dello stile di vita di dipendenza dai salari e di lavorare per le corporazioni a causa del loro stato finanziario, non si preoccupano dei profitti e degli interessi degli investimenti. Tuttavia, a parte i benefici e i vantaggi dell'indipendenza finanziaria, ti dà anche il piano per programmare la tua giornata o il tempo secondo il tuo desiderio. La vostra vita è fissata con le cose che vi interessano sinceramente. Pertanto, avete la libertà di scelta per selezionare una qualsiasi delle seguenti opzioni;

Non c'è nessuna costrizione a lavorare con o per una società, una persona finanziariamente libera ha abbastanza fondi per identificare un hobby come un lavoro quotidiano anche se potrebbe non fornire tanto quanto un vero lavoro. La libertà di lavorare basata sul fatto che ti piace qualcosa piuttosto che sulla necessità di finanziare il tuo stile di vita.

Ti mette in una posizione o situazione rilassata e stabile per fare qualsiasi cosa tu voglia. Per esempio, una persona finanziariamente libera che non lavora per una società ha la libertà e i fondi per viaggiare ovunque in qualsiasi momento senza alcun impatto sul suo status. Tuttavia, qualcun altro dovrebbe chiedere una pausa alla cooperazione per occuparsene. Tu hai la libertà di pianificare il tuo programma e lavorare in qualsiasi momento tu voglia. La libertà finanziaria non include solo il poter sostenere lo stile di vita desiderato. Comporta anche essere in grado di assistere e finanziare coloro che hanno bisogno di questo aiuto.

In conclusione, la differenza tra Tom e Guy è che Guy è stato capace di identificarsi con la libertà finanziaria per soddisfare i suoi bisogni mentre Tom deve ancora riconoscere i passi e l'importanza di questa ideologia.

CAPITOLO DUE

Segreto di mentalità del denaro

Che convinzione avete del denaro? È un'idea o un bene scarso che non può essere raggiunto dopo tanti sforzi? Oppure siete della convinzione che il denaro è abbondante e la realtà di essere ricchi è un fatto possibile? Bene, l'opinione che avete o che sostenete si chiama mentalità del denaro. È semplicemente il vostro modo di pensare o di vedere quando si tratta di questioni di denaro, fondi, ricchezza e finanza. È di cruciale importanza per bloccare la libertà finanziaria. Molte persone non sono consapevoli di avere un ruolo nel decidere ciò che si manifesta nella loro vita in base ai loro pensieri e opinioni, la vostra mentalità monetaria va molto lontano nel determinare la posizione di ricchezza che vi trovate. Questo particolare fattore può essere ricondotto alla connessione tra la legge dell'attrazione e la legge della manifestazione. Queste leggi sono gli strumenti primari che entrano in gioco nelle questioni riguardanti la vostra mentalità e la realtà del denaro. La legge della manifestazione afferma che tu attiri la realtà che desideri per te stesso. Gli eventi che si manifestano nella vostra vita sono attratti dalle opinioni che incarnate su un particolare argomento. Perciò, se pensate che la ricchezza scarseggia e non può essere acquisita indipendentemente dalla quantità di duro lavoro e di abilità che ci mettete, potreste trovare le vostre finanze stagnanti e in una posizione di indigenza. È essenziale credere che il denaro sia ottenibile perché sia la realtà o la manifestazione nella vostra vita.

Pertanto, il concetto di mentalità monetaria si riferisce alla vostra convinzione e opinione sulla circolazione e l'esistenza del denaro o della ricchezza nel mondo e nella vostra comunità. Tuttavia, la vostra mentalità monetaria non è plasmata dallo stipendio o dalle indennità che ricevete, e si forma sulla base delle opinioni che avete letto, visto e sperimentato nel corso degli anni. A volte, si sviluppa inconsapevolmente una mentalità monetaria senza sapere che esiste. La mentalità del denaro è un fattore determinante essenziale per raggiungere lo stato di libertà finanziaria, la posizione o mentalità scelta determina anche la vostra posizione o orientamento nelle questioni riguardanti la finanza e i cambiamenti economici; si riflette nella vostra discussione e atteggiamento verso gli altri quando viene sollevata una questione di denaro. Tuttavia, due mentalità di fondo controllano la ricchezza o la finanza di ogni individuo, e sono la mentalità dell'abbondanza e la mentalità della scarsità.

La mentalità dell'abbondanza si riferisce a uno stato di convinzione o comprensione che la ricchezza e il denaro possono essere acquisiti; cioè, raggiungere il denaro è un'idea ragionevole e possibile che non è così lontana o inverosimile come molte persone credono. La mentalità dell'abbondanza mette le persone che si identificano con essa in una posizione disponibile per identificarsi con la libertà finanziaria; le leggi dell'attrazione e della manifestazione sono in vantaggio nel loro stile di vita e nelle finanze. Le persone con la mentalità della scarsità, d'altra parte, credono strettamente nel pensiero che il denaro è scarso, e il raggiungimento del denaro o della ricchezza dipende da una ricerca vigorosa che non si può accertare che il denaro sarebbe acquisito dopo tale ricerca. Nella maggior parte dei casi, si trovano a lavorare duramente e con l'impulso o il bisogno costante di acquisire ricchezza, ma facendo poco o meno soldi rispetto a quelli con la mentalità dell'abbondanza. È importante notare che una particolare mentalità non dipende dal denaro che avete attualmente, ma da una serie di eventi e dalla conclusione che avete inconsciamente o meno tratto; questa è la ragione della possibilità che alcuni milionari o capi d'ufficio siano racchiusi nella mentalità della scarsità. Potrebbe essere il risultato di vari eventi, e influenza negativamente i loro investimenti a causa della paura che instilla sui rischi. Tuttavia, questo non significa che una volta che un individuo si è identificato con una particolare mentalità, dipenderà esclusivamente da essa per tutta la vita. I rimedi sono alcuni dei problemi discussi in questo capitolo.

La domanda importante a questo punto è come viene scelta o decisa la tua mentalità sul denaro? La mentalità che sembra identificare o selezionare è il risultato di vari fattori. Un individuo potrebbe volersi identificare con la mentalità dell'abbondanza o della scarsità come risultato di alcune situazioni o idee evidenziate nella combinazione delle vostre scelte personali, a volte i vostri pensieri o sentimenti inconsci hanno fatto questa scelta molto tempo fa prima di diventare consapevoli dell'esistenza di una mentalità del denaro. A volte è causato dalle circostanze finanziarie o dalla situazione in cui un individuo è cresciuto, una persona i cui genitori o la famiglia erano in costante disordine a causa di fondi limitati o finanze instabili probabilmente si identificherebbe con la mentalità della scarsità, per tale persona, ottenere fondi sarà sempre una lotta piuttosto che un atto piacevole.

Inoltre, lo stato economico o finanziario della popolazione generale durante la crescita di un individuo è un fattore che determina la sua mentalità. Per esempio, se la comunità o il paese di Tom era in recessione durante gli anni della sua formazione, egli crede e assorbe l'ideologia che c'è poco o non abbastanza denaro per beneficiare l'intera popolazione. La mentalità del denaro è principalmente determinata durante l'infanzia o la fase di crescita perché la maggior parte delle opinioni e delle ideologie si formano durante questi anni.

Gli effetti della tua mentalità sul denaro

A volte le persone si trovano in situazioni favorevoli in cui il denaro è sempre disponibile per sostenere ogni necessità e desiderio che si presenta. Tuttavia, la maggior parte delle persone non appartiene a questa particolare categoria. Che un individuo lo riconosca o meno, la quantità o la percentuale di denaro che si guadagna o che si ha sul proprio conto è il risultato della mentalità che si è sottoscritta. Pertanto, è essenziale capire l'importanza e l'effetto della mentalità del denaro in modo da poterla cambiare se viene identificata come il fattore di danno sulla vostra strada verso la libertà finanziaria, e se questo non è il caso, è essenziale continuare la mentalità dell'abbondanza di denaro per raggiungere e sostenere uno stato finanziariamente libero.

Quali sono gli effetti della mentalità del denaro sul tuo attuale stato finanziario?

- Aiuta a nutrire la libertà finanziaria: una buona mentalità del denaro (abbondanza) aiuta a raggiungere la posizione di libertà economica e indipendenza. Oltre a raggiungere la libertà finanziaria, si tratta di sostenerla e di crescere in uno stato finanziariamente libero. Questa mentalità aiuta a garantire che ci sia una manifestazione di ricchezza e di crescita nella vostra realtà piuttosto che la mentalità di scarsità, che limiterebbe la ricchezza e i fondi ricevuti.

- Limita la crescita finanziaria: la mentalità della scarsità è un'enorme barriera per la crescita. Una persona con una mentalità di scarsità non deve necessariamente essere senza fondi, potrebbe essere ricca in una certa misura, ma non ha alcun desiderio o curiosità di diventare consapevole di ciò che esiste oltre il suo attuale stato finanziario. Pertanto, una mentalità di scarsità potrebbe rendere l'individuo comodo in una posizione in cui ordinariamente dovrebbe voler cambiare o andare oltre, poiché ci si aspetta che il cambiamento sia l'unica procedura costante in ogni individuo.

- Determina il vostro approccio alle questioni legate al denaro: Un fattore determinante nel modo in cui parlate, spendete, vivete, e le opinioni che date in ogni situazione sulla finanza o su qualsiasi altro argomento è basato sulla vostra mentalità. Come detto prima, una persona con una mentalità di scarsità non identificherebbe alcuna ragione o importanza nel fare più fondi o profitti. Tuttavia, una persona abbondantemente cosciente tende a identificare le posizioni e le idee di maggior valore in una stanza in modo da poter investire e promuovere tale situazione finanziaria.

- Colpisce i tuoi affari: prendi, per esempio, una situazione in cui vorresti incontrare un investitore per investire nel tuo business o cooperazione ma la tua mentalità di scarsità che non ha totale fiducia nell'idea che stai presentando. La maggior parte degli individui trova la fiducia attraente, e nessuno vorrebbe investire fondi in un business che il CEO sente di avere un sentimento indifferente riguardo. Quindi, non è sufficiente stare tra la mentalità della scarsità e quella dell'abbondanza, per essere finanziariamente liberi; un individuo deve scegliere l'abbondanza ed essere più fiducioso nella sua scelta.

- Una mentalità di scarsità potrebbe interferire con i vostri obiettivi e limitare il vostro potenziale. A causa della vostra costante paura di perdere o di "non avere abbastanza", molti affari redditizi non vengono considerati perché un individuo con una mentalità di scarsità non è mai pronto a correre rischi. Non sono consapevoli del fatto che ogni crescita dell'investimento o del profitto si basa sulla capacità di correre rischi su affari ragionevoli o potenziali.

- Una mentalità di abbondanza ti dà un vantaggio: ti permette di vedere e identificare opportunità in situazioni o casi in cui altri credono che ci sia solo un profitto limitato. Vi dà lungimiranza a causa della convinzione che il beneficio sarebbe stato fatto in qualsiasi situazione o conto che investite. Pertanto, sei più aperto rispetto ad altri con la mentalità della scarsità quando si tratta di investire in nuove idee o imprese.

La tua mentalità finanziaria determina molti fattori nella tua vita; determina la tua associazione, i luoghi e gli eventi che frequenti, la tua risposta ai problemi e ogni altro aspetto della vita

Passi per raggiungere la mentalità dell'abbondanza.

Non devi vivere in perdita per il resto della tua vita se sei stato vittima della mentalità della scarsità per qualche tempo. Una mentalità di scarsità può essere chiarita quando il vostro stile di vita e le vostre spese si basano sulla vostra busta paga e sulla quantità di stipendio o reddito che ottenete. Con una tale mentalità, potreste non avere mai la capacità o la ferocia di partecipare a qualsiasi interesse a causa della paura che non avete o non avrete mai abbastanza.

Tuttavia, la mentalità dell'abbondanza è piena di varie opzioni e opportunità vantaggiose, e considera ogni profitto o vantaggio che potrebbe essere acquisito da operazioni di investimento che sono state ignorate o evitate da individui con una mentalità di scarsità. Una persona con una mentalità di abbondanza non prenderebbe mai in considerazione la possibilità che un business o un investimento possa non avere successo nella sua fase di avvio; sono ottimisti quando si tratta di questioni, idee e pensieri che riguardano il denaro. Ci sono alcuni passi necessari per passare dalla posizione di scarsità a quella di abbondanza per assicurarsi la libertà finanziaria; identificare la propria mentalità attuale: per crescere o passare da una particolare mentalità, è importante ammettere e riconoscere il proprio stadio attuale di convinzione per procedere oltre. Dovete essere consapevoli e coscienti di questo cambiamento o sviluppo, per assicurarvi di essere consapevoli del passaggio dalla scarsità all'abbondanza.

- Ricerca: Se state leggendo questo, avete fatto il primo e più importante passo per passare alla mentalità dell'abbondanza. È essenziale identificare con quale tipo di mentalità ti identifichi leggendo libri e facendo ricerche sulle diverse mentalità del denaro.

- Concentratevi sui benefici, non sulle perdite: anche se la maggior parte delle mentalità si forma durante l'infanzia o l'adolescenza, in alcuni casi, si forma durante l'età adulta, quando avete un lavoro. È anche possibile che tu sia cresciuto con una mentalità di abbondanza, ma a causa di alcune perdite durante la tua fase adulta, c'è stata una perdita che ha sabotato tutta la tua convinzione di abbondanza. Come si fa allora ad andare avanti da questo? Per crescere oltre la mentalità di scarsità, è importante identificare il fattore che l'ha stabilita in prima istanza e andare oltre questa vicenda o circostanza. Pertanto, è importante concentrarsi sui profitti che si possono ottenere quando la perdita è stata dimenticata. Lasciate andare ogni errore che è stato fatto nelle vostre finanze per stabilire di rilasciare la negatività e ospitare l'energia positiva.

- Budget: in ogni fase e decisione verso il raggiungimento della libertà finanziaria, è fondamentale identificare una direzione o un budget per il denaro fatto. Un budget è un piano di fondi che viene speso per ogni aspetto della vita di un individuo. In che modo quindi un budget contribuisce alla mentalità dell'abbondanza? È essenziale capire che risparmiare o lavorare per il denaro senza un piano significativo può essere aggravante quando si crede di non avere alcun uso per la ricchezza ottenuta. Un budget è come un motivatore che ti darebbe una ragione precisa per identificarti con l'abbondanza. Dal punto di vista di un marketer, se non ha un compito o uno scopo particolare per ottenere denaro, si sentirebbe indifferente alla sua situazione finanziaria, il che assomiglia alla mentalità della scarsità.

- Associati con persone di mentalità simile: nella maggior parte dei casi, l'energia o la stima dell'individuo viene attinta da coloro di cui si circonda o con cui si associa; è essenziale associarsi con persone che si identificano con la mentalità dell'abbondanza per essere dell'abbondanza. Per lo sviluppo in ogni fase della vita o di un aspetto particolare, è vitale consorziare persone che hanno ottenuto la posizione giusta, imparare le procedure appropriate; fraternizzare con il tipo giusto di persone. In questo caso, si tratta di associarsi con altre persone che possono essere individuate per avere la mentalità dell'abbondanza o valori simili che vorresti assimilare.

- Riaffermare se stessi: è essenziale avere motivazioni o obiettivi che affermino i vantaggi e la necessità della mentalità dell'abbondanza.

- Prendete nota delle vostre finanze: è importante avere un rituale per esaminare le entrate e le spese del vostro conto, questo aiuterebbe a sostenere la vostra mentalità finanziaria; ogni individuo cresce in base al fatto che qualsiasi cosa in cui ha investito ha fatto una certa percentuale di reddito.

- Evitare di lamentarsi: la maggior parte degli individui si trova a lamentarsi della circolazione del denaro; questo non fa che contribuire e indurire la mentalità della scarsità. Perciò, bisogna evitare tutte le posizioni e i pensieri negativi per assicurarsi che non ci sia alcun fattore che contribuisca a una mentalità di scarsità. Facendo questo con attenzione, si stabilisce la crescita per una mentalità di abbondanza. Crea un rituale per mostrare gratitudine a te stesso, apprezza qualsiasi stadio di crescita tu sia stato in grado di raggiungere.

Per raggiungere la libertà finanziaria, è essenziale che questo necessario cambiamento o passo venga effettuato in quanto determina il profitto e le scelte di investimento che un individuo sarebbe in grado di fare. Ignorate l'opinione che alcune persone sono nate con la mentalità dell'abbondanza; da qui il loro successo e la loro crescita nella finanza; prendete nota che i vostri pensieri e le vostre idee sul denaro sono qualcosa che potete gestire. Dovreste essere responsabili della vostra mentalità sul denaro piuttosto che assumere il ruolo principale nel vostro stile di vita.

CAPITOLO TERZO

Reddito passivo

Ogni individuo ha quell'unico amico che non è interessato a passare attraverso lo stress di prendere un lavoro che richiederebbe un'etica di lavoro rigorosa; potresti anche non avere un amico perché sei quella persona per qualcun altro. Ogni persona raggiunge quella fase della vita in cui nessuna idea o lavoro sono di possibile interesse per loro, l'unico compito che sembrano godere o considerare piacevole sono quelli che richiedono poco o nessun sforzo da parte loro. Nell'era tecnologica in cui il mondo si è evoluto, la maggior parte delle persone sono interessate ai lavori faticosi che richiedono totale dedizione e aderenza a orari o regole che non si adattano ai loro desideri.

Cos'è il reddito passivo?

Il reddito passivo si riferisce al denaro o allo stipendio ottenuto da un compito o "lavoro" in cui non si è attivamente coinvolti. A differenza di qualsiasi altro lavoro o reddito ottenuto, il reddito passivo non richiede un livello significativo di sforzo per raggiungere o sostenere la situazione. Per quanto ci sia un reddito passivo, ci sarebbe sicuramente un reddito attivo, che differenzia queste categorie di reddito. Il reddito attivo implica e richiede un uso attivo del tempo e dello sforzo per generare reddito, mentre il primo non lo fa. Tuttavia, c'è un livello avanzato di reddito passivo che si riferisce al reddito progressivo; si riferisce al reddito sostenuto imponendo poco o minimo sforzo nell'esecuzione dei compiti richiesti. Allora, quale vantaggio si ottiene dal reddito passivo? Il vantaggio e il beneficio più ovvio del reddito passivo è il fatto che esercita poca o nessuna energia dai suoi partecipanti; si viene pagati per fare attività e compiti che non richiedono la vostra partecipazione fisica. Tuttavia, alcuni compiti di reddito passivo potrebbero essere un po' impegnativi nella fase iniziale, ma diventano facili dopo. Il principio di base di questa idea è di guadagnare mentre non fai nulla. Un esempio di questo è il reddito da locazione. Il secondo vantaggio è l'opzione fiscale disponibile sotto questa decisione; alcune istituzioni fiscali distinguono tra i diversi tipi di reddito e li tassano in modo appropriato, non in generale.

In questo obiettivo, ci sono tre categorie principali di reddito come riconosciuto dall'Internal Revenue Service (IRS), sono il reddito passivo, il reddito attivo e il reddito di portafoglio. Secondo l'IRS, il reddito passivo è ottenuto da tre categorie, che sono il commercio, l'affitto e le attività passive a cui non si partecipa in modo significativo. I flussi primari per generare reddito passivo sono attraverso investimenti, immobili, commercio e blog. Gli individui che aderiscono a questo sono di solito grandi sostenitori del lavoro autonomo piuttosto che dei lavori formali. Il tema del lavoro autonomo è la connessione significativa che ha con la libertà finanziaria.

Come si può generare un reddito passivo?

Se avete improvvisamente lasciato il vostro lavoro o siete stati licenziati e pensate di dipendere dai vostri risparmi, è solo una questione di tempo prima che questi risparmi finiscano. Anche se non appartenete a nessuna di queste categorie, ma desiderate guadagnare più del vostro stipendio, un reddito passivo è un aspetto importante da considerare. Non devi essere necessariamente senza lavoro per fare soldi passivamente; potrebbe essere considerato come un'attività secondaria per migliorare il tuo stato finanziario quando si aggiunge alla tua paga di base. I seguenti sono alcuni dei modi in cui il reddito passivo può essere generato;

Anche se la gente proietta il reddito passivo come profitto acquisito "mentre si dorme", questa è una falsa rappresentazione dell'intera idea di reddito passivo. Questa particolare comunità o insieme di persone non riesce a identificare o presentare la principale costituzione del marketing passivo che implica il fatto che devi aver messo una specifica percentuale di lavoro nella fase iniziale del progetto. O il tempo o il denaro sono stati notevolmente investiti per metterti finalmente nella posizione in cui puoi guadagnare "mentre dormi". Questa mentalità inganna le persone ad addentrarsi nel reddito passivo senza alcuna formazione necessaria o investimento nella loro conoscenza della materia. Pertanto, un sacco di lavoro deve essere generato nella start-up per garantire un reddito correttamente gestito.

Il reddito passivo comporta un contributo, senza questo, dove si ottiene il profitto? Per assicurarsi di godere costantemente di un sano profitto dal reddito finanziario. È importante notare che dovrete investire qualcosa nell'idea che genererà questo reddito. Potrebbe essere tempo o denaro, a seconda del business che si decide di investire. Prendiamo, per esempio, l'investimento in azioni di dividendo; l'investimento in azioni di dividendo esiste in aziende che pagano una particolare percentuale del loro profitto ai loro azionisti o investitori. Per qualificarsi per un'idea come questa, è necessario aver investito una grande quantità di denaro per diventare azionista di quella società. Inoltre, un investimento nel settore immobiliare richiederebbe un notevole investimento in fondi e tempo per trovare una proprietà che produca una grande percentuale di reddito. Pertanto, il profitto si ottiene dall'affitto di queste proprietà.

Pertanto, per generare una particolare percentuale di reddito attraverso il reddito passivo, è essenziale capire che nessun denaro viene guadagnato completamente. Anche se questo potrebbe sembrare il caso dato che hai quell'amico che non fa nulla ma sembra fare molto, devi capire che alcuni principi e sforzi sono stati posti ad un certo punto della sua carriera di reddito passivo per identificarsi con questa posizione.

Passi per ottenere un reddito passivo

Grazie alla discussione nelle pagine precedenti, avete acquisito familiarità con alcune dell'importanza e delle misure per raggiungere un reddito passivo stabile. Tuttavia, è necessario dichiarare questi passi in termini chiari e precisi per garantire che ogni partecipante stabilisca un reddito passivo ben pensato che gli fornirebbe un profitto costante a lungo termine. È possibile investire nel reddito passivo in perdita dopo l'investimento di tempo e denaro, per evitare questo, è vitale evidenziare e definire i passi ragionevoli che devono essere presi da chiunque sia interessato al reddito passivo come un lavoro effettivo o un lavoro secondario.

- È essenziale avere un'idea: a questo punto non vi sembrerà strano sapere che il reddito passivo vi offre un sacco di opzioni. Tuttavia, è fondamentale ricercare ogni opportunità e selezionare quella più adatta. L'interesse è un fattore essenziale nel reddito passivo; poiché ci si aspetta che investiate il vostro tempo e denaro. Se l'interesse è assente a questo punto, potreste diventare stanchi o affaticati mentre il vostro profitto richiede tempo per crescere. Pertanto, nella scelta della tua idea, devi considerare diversi fattori che si applicano alla tua particolare situazione e al denaro che hai in mano. Se hai un capitale significativo da investire, l'investimento immobiliare o in azioni a dividendo è un'opzione desiderabile per te. Anche se potresti non ottenere il profitto e l'interesse nel momento esatto del conferimento, il profitto che otterresti dopo aver dato il tempo all'investimento di crescere è incomparabile a quel conferimento. Alcune delle idee che possono essere considerate da ogni partecipante sono;

o Vendere informazioni: lo stadio tecnologico che il mondo ha raggiunto ha reso possibile la vendita di prodotti che contengono informazioni specifiche. La maggior parte delle persone sono diventate curiose, molto per imparare le cose; da qui, la produzione massiccia nei prodotti che forniscono informazioni, per esempio, e-book e audiolibri. Una volta che il processo di set-up o lo sforzo di scrivere un libro è stato coperto, è lasciato ai partecipanti di guadagnare soldi mentre i prodotti sono venduti. Tuttavia, per guadagnare da questo, dovete assicurarvi che i vostri prodotti non siano mediocri poiché c'è molta concorrenza in questo aspetto.

o Affitto: anche se questa idea può sembrare tradizionale per alcune persone, l'investimento immobiliare e la proprietà di immobili è un modo eccellente per fare reddito passivo. Non richiede tanto sforzo quanto l'idea precedente, ma richiede comprensione nel processo e nella tecnica immobiliare per evitare la perdita del capitale che è stato investito. Un individuo che ha familiarità con i componenti e i requisiti del reddito passivo attraverso l'investimento immobiliare può stabilire questa idea come una ragionevole e fattibile fonte di reddito dopo la pensione. Secondo John Graves, che è un Accredited Investment Fiduciary, ci sono tre requisiti che devono essere soddisfatti per assicurare la stabilità del reddito passivo; dovete essere in grado di determinare il profitto che vi aspettate dal contributo dato all'investimento, dovete avere un'idea del costo totale della proprietà e delle spese richieste e anche dei rischi finanziari che accompagnano il possesso della proprietà in quanto questi fattori vi preparerebbero per ogni situazione.

o Marketing di affiliazione: questo potrebbe non produrre tanto profitto quanto le idee già menzionate, ma è un modo di guadagnare senza immettere tanto sforzo. Cos'è il marketing di affiliazione? È una tecnica di marketing in cui i blogger o i marketer promuovono i prodotti di una terza parte pubblicando i link a tali prodotti. Come fa questa tecnica a farti guadagnare? Se un link di affiliazione è pubblicato sul tuo sito e un consumatore clicca sul link, in questo momento, acquistando prodotti da terzi, hai diritto a una commissione da parte di terzi. La percentuale ottenuta dipende esclusivamente dal numero di prodotti che vengono acquistati. Tuttavia, il successo nel reddito passivo attraverso il marketing di affiliazione potrebbe richiedere un certo sforzo perché avresti bisogno di sviluppare un pubblico per il tuo sito e creare una percentuale stabile con un contenuto coerente e ragionevole.

o Prestito: Il prestito peer-to-peer consiste nel prestare denaro alle persone attraverso una terza parte registrata. Il profitto ottenuto da questa idea è sull'interesse pagato dalla parte a cui è stato prestato il denaro.

o Azioni a dividendo, Conto di risparmio ad alto interesse, Affittare una stanza o un'auto in più, Annunci pubblicitari

- Creare una bacheca degli obiettivi: questo è più di utilità personale per te che per il business. Non sarà facile partecipare al reddito passivo. Tuttavia, è essenziale annotare l'idea in cui vorresti investire, i tassi di profitto di quell'idea, la percentuale di contributo che vorresti dare e il profitto previsto al momento del ritorno. È essenziale fissare questi obiettivi perché ti aiuta a motivarti nei momenti di scoraggiamento; quindi, è molto importante fissare i tuoi obiettivi sulla carta. Gli studi hanno dimostrato che gli obiettivi scritti dagli individui diventano più fattibili e ragionevoli di quelli che esistono nella loro mente. Perciò, scrivete i vostri obiettivi ed esponete il più possibile sulla carta, perché questo vi aiuterà nel vostro investimento.

- Pianifica le tue decisioni e i tuoi passi: dopo un'idea e un obiettivo, il passo successivo è quello di pianificare le tue scelte e decisioni per raggiungere questi obiettivi. Nota, le decisioni e le opzioni necessarie che dovrai considerare per passare da una posizione del tuo piano di obiettivi a quella successiva. Fare piani per i tuoi obiettivi in ogni singolo punto li renderebbe più realistici e fattibili per te e per tutti coloro che potrebbero considerare di assisterti. Pertanto, è importante non impostare gli obiettivi in modo arbitrario e capire cosa sarebbe richiesto da voi per arrivare alla fase desiderata di guadagnare passivamente.

- Creare un piano alternativo: ci sono diverse situazioni; il reddito passivo potrebbe essere la riserva di alcune persone mentre altre dipendono esclusivamente dal reddito passivo. Per raggiungere la libertà finanziaria, non si può dipendere da una sola fonte di reddito. L'innovazione è la chiave. Devi investire e creare altri piani mentre fissi degli obiettivi realizzabili per raggiungere uno stadio stabile di reddito passivo, la ragione di questo è che alcune idee di reddito passivo non hanno di solito successo per tutto il tempo nonostante il tempo e il denaro investito in esso. È semplicemente la natura del business, e questa è la ragione dell'importanza della conoscenza e della ricerca su qualsiasi argomento si decida di investire. Pertanto, se avete intenzione di investire in azioni a dividendo o di aprire un blog, queste idee non richiedono di lasciare il vostro lavoro giornaliero e dipendere solo da esse. Al contrario, è consigliabile non dipendere da queste imprese per avere una situazione finanziaria sconsiderata.

- Connettiti con persone di successo in quel settore: l'importanza del networking non può essere sottolineata troppo. Se desideri avere successo in un campo particolare, un'idea o un'opzione essenziale è quella di indagare o ricercare su coloro che hanno ottenuto un reddito significativo da tale approccio. Oltre a leggere su di loro, è importante connettersi e parlare con queste persone per creare una comprensione dei requisiti e delle aspettative che dovresti avere su un particolare sistema. In ogni passo del tuo rapporto con loro, è importante trovare sempre le cose che stanno facendo e che tu devi ancora integrare nelle tue idee e obiettivi di business. Informatevi sulle loro idee e strategie e implementatele come possono applicarsi alla vostra situazione di reddito passivo.

Vantaggi del reddito passivo

Accelera il vostro stato di libertà finanziaria aggiungendo un flusso extra di reddito per raddoppiare la percentuale del contributo fatto ai vostri risparmi. Aiuta ad ampliare o eliminare il limite che è stato messo in atto per controllare o limitare un particolare piano di bilancio. Questo aiuta anche ad attualizzare la ragionevolezza dietro il concetto di mentalità del denaro, poiché si è più consapevoli e si ha fede nei piani o nelle idee quando ci sono idee messe in moto per proiettare il principio di base.

I partecipanti hanno la possibilità di andare in pensione anticipata, di lasciare il loro lavoro per partecipare a qualcosa a cui sono veramente interessati. Alcuni individui non sono in grado di candidarsi o partecipare a situazioni che desiderano perché quei lavori potrebbero non guadagnare molto, e il loro lavoro regolare richiede molto tempo. Il lavoro a reddito passivo permette loro di partecipare alla loro posizione desiderata e fare più o vicino alla percentuale ottenuta dai lavori attivi.

Si tratta di una tecnica vantaggiosa messa in atto per una situazione in cui un individuo perde improvvisamente il suo lavoro. Molte cooperazioni e imprese devono urgentemente lasciare andare alcuni lavoratori prima della fine del loro contratto a causa di vari motivi. Molti di questi lavoratori sono allo sbando per la perdita del loro lavoro. Questa non deve essere la situazione in quanto non si è colpiti principalmente nel tempo che esiste durante la perdita del lavoro e l'acquisizione di un altro.

Crea un piano alternativo per i fondi o il reddito dopo il pensionamento. Molti lavoratori dipendono dai loro Thrift Savings Plans e 401(k) senza considerare la possibilità che possa sorgere un'emergenza che potrebbe svuotare questi risparmi. Un individuo in pensione interessato al reddito passivo, principalmente attività di affitto, potrebbe contare o dipendere dallo stipendio ottenuto da questa fonte.

Tuttavia, un individuo che ha intenzione di contribuire a questo deve avere la virtù della pazienza. Ogni opzione disponibile per generare reddito passivo richiede pazienza poiché una persona non può diventare ricca o finanziariamente libera da questo reddito durante la notte. Pertanto, un individuo che è disposto a rimanere paziente nel tempo può avere successo e raggiungere la libertà finanziaria attraverso una qualsiasi delle opzioni offerte dal reddito passivo.

Permette la crescita personale, una routine quotidiana o permanente in un particolare lavoro può diventare ripetitiva, inutile e limitante. Il reddito passivo ti dà la possibilità di aggiungere una nuova idea di business che aiuta la tua crescita finanziaria e intellettuale. Oltre a questo, ti dà un sacco di tempo libero per partecipare ad attività che ti interessano veramente in qualsiasi momento desiderato.

Non tutti gli individui apprezzano il loro lavoro attuale, e non tutti raggiungerebbero la libertà finanziaria dal loro lavoro attuale. Pertanto, per accelerare il raggiungimento dello stato di libertà finanziaria, è essenziale indulgere alle idee di reddito passivo.

CAPITOLO QUATTRO

Investimento in dividendi

Qualsiasi individuo che cerca di guadagnare attraverso il reddito passivo deve capire e apprezzare l'importanza e la strategia che comporta l'investimento in azioni con dividendi. Una delle caratteristiche della libertà finanziaria evidenziata nei capitoli precedenti è il fatto che si potrebbe non dover lavorare con o per qualcuno per identificarsi con lo stato finanziariamente libero. L'investimento in azioni a dividendo è uno dei modi più profondi per raggiungere la libertà finanziaria e il reddito passivo. Offre la possibilità di guadagnare una massiccia percentuale di reddito oltre al regolare ottenuto dal vostro lavoro quotidiano. Si tratta di ottenere profitto dal valore del mercato in cui si è investito acquistando azioni.

Cos'è l'investimento in dividendi?

L'investimento in dividendi è un'opzione di investimento o di reddito passivo che offre agli azionisti della società o dell'impresa una percentuale di reddito o di profitto basata sull'investimento fatto verso quella particolare impresa. Di solito, la distribuzione del profitto agli azionisti può essere pagata in contanti o in un piano di reinvestimento, e questo potrebbe anche essere pagato aumentando o consegnando più azioni all'individuo invece di un pagamento in contanti fatto alla banca. Attraverso il pagamento dei dividendi, una società o un'impresa dedica una percentuale del suo profitto agli azionisti, e l'altra parte è dedicata alla crescita del mercato per assicurare un ciclo stabile di profitti. Non c'è nessuna costrizione a pagare i dividendi agli azionisti o ai detentori di azioni, è semplicemente la scelta della direzione di finanziare il beneficio della loro quota attraverso due opzioni primarie; con il contante depositandolo sul loro conto o l'opportunità di reinvestirlo in azioni della società. Tuttavia, non c'è una regola generale per decidere quando i dividendi devono essere pagati; questo è determinato in base alle esigenze e alla situazione di ogni cooperazione. Nell'investimento in dividendi, è essenziale fare attenzione al momento in cui si sceglie di investire ed essere critici nei confronti della cooperazione o dell'azienda in cui si decide di investire; questo è di notevole avvertimento soprattutto per gli investitori ad alto reddito. Ogni individuo che decide di contribuire o partecipare all'investimento dei dividendi deve assicurarsi che l'azienda di interesse sia in uno stato finanziario stabile, cioè che ci sia un aumento del tasso di stock, un'alta produzione di prodotti o servizi affidabili e che ci sia un potenziale di crescita nei prodotti, nell'azienda e nella gestione di tale business. L'opinione sui dividendi presentata da ogni individuo è soggettiva alla propria esperienza; i dividendi sono buoni o cattivi a seconda della propria strategia o approccio d'investimento. Affinché il profitto sia pagato agli azionisti a livello dell'azienda, il team di gestione si accorda su una percentuale di profitto o guadagno che dovrebbe essere data o pagata agli investitori e quella che dovrebbe essere reinvestita nelle azioni dell'azienda, tuttavia, questa decisione della gestione è solo un suggerimento in quanto richiede la conferma del consiglio di amministrazione. Dopo questa procedura, la società dovrebbe annunciare il tasso di dividendo, e il pagamento viene effettuato agli azionisti.

È importante notare che l'investimento dei dividendi è destinato a persone di vari gruppi, anche se alcune persone potrebbero sostenere che l'investimento dei dividendi si applica solo a o è adatto solo ai pensionati, questa non è la verità su questa opzione di investimento.

Tipi di dividendi

Nell'investimento regolare, l'investitore non ha diritto a una percentuale di profitto; tuttavia, nell'investimento in dividendi, ci si aspetta che l'investitore o l'azionista riceva un particolare interesse del capitale investito. Inoltre, questo pagamento non è limitato a un modello specifico; non deve essere solo un pagamento in contanti. Una società può pagare un investitore con contanti, beni o un'opzione di reinvestimento. Il modello di pagamento è lasciato alla scelta dell'investitore, oppure no se il modo di pagamento o il profitto è stato chiaramente definito nella quotazione. Le aziende o le imprese sono autorizzate a effettuare il pagamento ai loro investitori attraverso una qualsiasi delle opzioni discusse di seguito:

- Pagamento in contanti: Il pagamento dei dividendi più noto è in contanti. Queste società o imprese pagano il profitto degli interessi o dei dividendi dell'investitore con denaro. La modalità di pagamento in contanti comporta il trasferimento e il pagamento di contanti o fondi dal conto dell'azienda al conto dell'investitore; questo non conferma l'idea che il denaro può essere pagato all'investitore solo attraverso un bonifico. In alcuni casi, il profitto dell'azione o dell'investimento è pagato in contanti.

- Pagamento per azioni: le azioni si riferiscono al totale del denaro o del reddito che una società ha raccolto dalle azioni acquistate dagli investitori o dagli azionisti. Come si fa allora a pagare i profitti degli azionisti con le azioni? Questo particolare pagamento viene fatto reinvestendo il loro profitto per acquistare altre azioni della società. Si fa soprattutto nelle aziende che offrono l'opzione di un piano di reinvestimento dei dividendi (DRIP) agli investitori. Così, invece di convertire il loro profitto in contanti e fare trasferimenti sul loro conto, il loro beneficio viene ulteriormente investito nell'acquisto di più azioni e aumentando il profitto che alla fine otterrebbero dal loro investimento originale.

- Pagamento per attività: In alcuni casi, gli azionisti potrebbero non essere interessati a guadagnare contanti o più azioni come profitto, specialmente nel caso di aziende che hanno un calo del loro profitto complessivo. Potrebbero anche non avere la capacità di pagare in contanti a causa di questo motivo. Da qui, la disponibilità di pagamento tramite attività, nessuna azienda è limitata al solo pagamento in contanti e azioni. Una società può pagare con beni come immobili e titoli di investimento.

- In alcune situazioni molto rare, una società potrebbe decidere di pagare un dividendo "speciale". Il dividendo speciale è il tipo di profitto pagato al di fuori del regolare contratto di pagamento (il regolare contratto di pagamento potrebbe riferirsi a pagamenti annuali o trimestrali.) L'importo "speciale" è di solito il risultato di una spinta extra nel profitto totale fatto dalla società o dal business.

- Ci sono altri modi di pagamento a seconda della società in cui si è investito; un investitore può essere pagato con azioni di una nuova società fondata dalla società originaria investita.

Passi per investire in azioni a dividendo

Come ti assicuri di aver seguito il giusto processo per investire? Che impatto ha l'investimento in dividendi sul tuo stato finanziario? Qual è la connessione tra la libertà finanziaria e l'investimento in dividendi? Questi sono alcuni dei temi discussi in questa sezione.

- Ricerca: in ogni area della finanza, la ricerca è vitale per assicurare che un individuo stia investendo in un obiettivo; profitto, non perdita. Per assicurarsi di investire in una cooperazione affidabile che paga un profitto di azioni agli azionisti, è essenziale identificare un'azienda con prodotti di alta qualità e una grande azienda con stabilità finanziaria. Questo tipo di aziende hanno la più alta probabilità di pagare i dividendi perché hanno già uno stato finanziario stabile e un capitale per gestire i problemi dell'economia che potrebbero influenzare il profitto, il progresso e le finanze dell'intera azienda. Hanno abbastanza esperienza per capire la giusta procedura e le tecniche da mettere in atto. Inoltre, le grandi aziende compiute sono le migliori in cui investire perché conoscono e praticano altri modi di massimizzare la ricchezza dell'azionista. Per esempio, le aziende del settore farmaceutico, del petrolio e del gas e le banche sono note per avere piattaforme stabili di pagamento dei dividendi, poiché la gente è sempre interessata e ha bisogno di prodotti sanitari e servizi finanziari. La posizione migliore per iniziare la ricerca è quella di creare una lista o identificare l'azienda o la cooperazione che sembrano o sono state segnalate per avere uno stato finanziario stabile. Dopo questo, è consigliabile evidenziare la cooperazione che ti interessa comprare azioni. Inoltre, assicurati di avere abbastanza fondi da investire in tale azienda per diventare un azionista, perché una gran parte dell'essere un azionista è investire fondi che aiutano a costruire o sostenere lo stato finanziario di una società o cooperazione.

- Studiare la quotazione delle azioni: la quotazione delle azioni è la sintesi delle informazioni di una società che un individuo dovrebbe conoscere prima di investire. Pertanto, se non si è sicuri della posizione di una società sul pagamento dei dividendi o per conoscere le opzioni disponibili per il pagamento dei dividendi, le quotazioni azionarie dovrebbero essere considerate per familiarizzare con le politiche di pagamento dei dividendi di ogni società.

- Acquistare le azioni: una volta effettuata con successo la ricerca e identificato l'azienda o il business, si vorrebbe investire. Il prossimo passo ragionevole è l'acquisto delle azioni. Questo può essere fatto personalmente da voi alla società o attraverso un broker. Un broker è un mediatore o un intermediario tra un compratore e un venditore;

quindi, un broker, in questo caso, fa da intermediario tra voi e la direzione della società che avete scelto. Tuttavia, non tutte le aziende offrono la possibilità di comprare azioni direttamente attraverso l'azienda; alcune richiedono l'acquisto attraverso una società o un'istituzione di intermediazione. Alcune aziende richiedono anche un investimento minimo tra i 25 e i 500 dollari se un individuo desidera o insiste nell'acquistare azioni direttamente attraverso l'azienda. Per evitare questo, un individuo dovrebbe registrarsi con un istituto di intermediazione, o se è il caso che la società non offre l'opzione di acquistare azioni direttamente, l'individuo dovrebbe comunque registrarsi. Alcune istituzioni o società di intermediazione sono Ally Investment, eTrade e TD Ameritrade.

- Sottoscrivete il DRIP (Dividend Reinvestment Plan): nell'investimento dei dividendi, avete due opzioni per ottenere il vostro profitto: un pagamento in contanti sul vostro conto bancario o il reinvestimento. Per assicurare il sostentamento della libertà e dell'indipendenza finanziaria, è importante essere un partecipante o essere iscritto al DRIP. Questo piano è un piano di investimento automatico che assicura che il profitto che avrebbe potuto essere convertito in contanti e inviato al vostro conto sia reinvestito in più azioni. È più consigliabile iscriversi al DRIP per assicurarsi che le finanze di un individuo crescano con le società. Per iscriversi a questa opzione di reinvestimento, un individuo deve contattare il suo broker se è registrato da uno.

- Tenete d'occhio i dividendi: le aziende non hanno il diritto di pagare gli azionisti. È una scelta piuttosto che un obbligo. L'implicazione di questo è che le aziende o le imprese possono scegliere di eliminare, aumentare o ridurre i loro dividendi in qualsiasi momento. Perciò, quando siete sempre al corrente dei cambiamenti e dei progressi fatti ai vostri dividendi monitorando il vostro conto di intermediazione, potete concludere se la percentuale dei profitti è scesa sotto lo standard e decidere il momento ideale per vendere le vostre azioni o i vostri titoli.

Vantaggi dell'investimento in dividendi

Dopo che le procedure necessarie per investire in dividendi sono state rispettate, è importante assicurarsi che un individuo adotti una strategia ragionevole nel garantire la crescita dello stock. È essenziale diversificare l'investimento in diversi settori o società se ci si può permettere. Questo per assicurare che l'investimento di un individuo non dipenda da un solo settore creando un crollo o un incidente se ci sono delle fluttuazioni finanziarie alla società o a quel particolare settore della società. Allo stesso modo, è consigliabile investire in aziende o imprese in tutto il mondo per evitare la dipendenza da un governo specifico. Pertanto, è possibile ottenere un profitto da diverse aziende ed evitare la dipendenza da un particolare governo. Ci sono vari vantaggi nell'investire nell'opzione di investimento dei dividendi;

- Serve come mezzo costante di reddito passivo: come stabilito nel capitolo precedente di questo libro, il reddito passivo è significativo per il vostro status finanziario nella vita. In alcuni casi è necessario avere un lavoro secondario che fornisca un reddito passivo per raggiungere la libertà finanziaria. In questa situazione, l'investimento in dividendi è un tipo di modo vantaggioso per ottenere un reddito passivo. Questo tipo particolare comporta un investimento sostanziale di denaro per diventare un azionista e si ha diritto al reddito o al profitto finché si rimane azionisti. Questo specifico esempio di guadagno passivo è particolarmente attraente per i pensionati o per le persone vicine alla fase della pensione; assicura che il pensionato non abbia un ruolo significativo nella società e non deve esercitare così tante energie per ottenere il suo reddito.

- Mantenimento della proprietà: In alcune situazioni, un investimento può essere frustrante, soprattutto quando avete investito in una società che non paga dividendi perché tutto il vostro profitto è legato alle azioni. Pertanto, l'unico modo per accedere a questo profitto è quello di vendere le vostre azioni, perdendo così la vostra percentuale di proprietà delle azioni della società. Questo non è il caso dell'investimento in azioni a dividendo. L'investimento in azioni a dividendo dà la possibilità di mantenere la vostra percentuale di proprietà di azioni come azionista mentre ottenete il profitto delle azioni possedute.

- Profitto sostanziale: c'è un livello più alto o una percentuale di guadagno disponibile nell'investimento in dividendi, a differenza di altri tipi di investimenti. Per esempio, quando si acquista una particolare porzione di azioni di una società che non paga il profitto agli azionisti, si ha quell'esatto numero di azioni. Tuttavia, nell'investimento in dividendi, ti viene data la possibilità di reinvestire il profitto delle tue azioni per comprarne altre o di depositarlo sul tuo conto. Non c'è l'obbligo di prelevare fondi dal tuo conto per comprare più azioni quando puoi facilmente reinvestire i profitti delle tue attuali azioni per comprarne altre.

Il pagamento dei dividendi sembra essere una perdita da parte della società o dell'impresa che paga il profitto delle azioni agli investitori. Quindi, perché queste aziende indulgono all'opzione dei dividendi quando non è una costrizione o una questione di legalità per loro? Nessuna ragione può essere generalmente applicata a tutte le aziende per essere considerata come la loro ragione per questo. Tuttavia, ogni azienda ha un diritto peculiare alla sua situazione.

I dividendi aiutano a sostenere la fiducia, anche se le società non devono pagare il profitto delle azioni. Decidono di farlo per onorare le aspettative e il desiderio dell'investitore. Un'azienda che paga dividendi robusti e consistenti ha maggiori probabilità di attrarre una più consistente capacità di investitori disposti ad investire rispetto ad una che non onora il desiderio del pubblico. Il pagamento dei dividendi agli investitori ritrae un'immagine finanziaria positiva e lo status dell'azienda. I dividendi aiutano ad attrarre investitori o azionisti. Un'azienda in partenza che può assicurare una percentuale sostanziale di prodotti di qualità e che non ha abbastanza capitale o investitori per aiutare la sua costituzione può dichiarare un livello di dividendi. Questa dichiarazione aiuta ad attirare i potenziali investitori nell'esaminare i profitti che potrebbero ottenere se scegliessero di investire in un particolare business o azienda. L'interesse dei potenziali investitori può aiutare a far crescere il valore delle azioni di tale azienda. Pertanto, le aziende, nella maggior parte dei casi, hanno bisogno dell'aiuto degli investitori per far crescere i loro affari, e questi investitori hanno bisogno che le aziende aumentino i loro fondi o soldi offrendo loro la possibilità di investire nelle loro azioni. Inoltre, i dividendi aiutano a ridurre l'impatto di una fluttuazione finanziaria o di un'incapacità del mercato azionario sugli investitori, riducendo così il rischio di perdita.

Come fa l'investimento in dividendi a garantire la libertà finanziaria?

L'idea principale di questo libro è quella di aiutare gli individui ad assicurarsi uno stato finanziariamente libero. Quindi, avendo discusso e compreso la disciplina dell'investimento in dividendi, in che modo questa particolare caratteristica contribuisce al raggiungimento della libertà finanziaria?

L'investimento dei dividendi aiuta a crescere ed espandere lo stato finanziario. Il reddito extra ottenuto dal profitto del reddito investito dagli azionisti aiuta a stabilire un'espansione dei profitti. Quando si sottoscrive l'investimento in dividendi, aiuta a costruire uno stato finanziario indipendente grazie alla crescita sostanziale del profitto o degli interessi nel tempo. Inoltre, a differenza delle azioni che non hanno uno stato finanziario stabile nella maggior parte delle situazioni e non garantiscono un profitto, le azioni a dividendo offrono un profitto parziale sul capitale investito.

In conclusione, a parte l'idea delle proprietà in affitto evidenziata nel capitolo precedente, l'investimento in dividendi è un altro modo stabile per raggiungere la libertà e l'indipendenza finanziaria. È più affidabile perché dà ai partecipanti l'opzione di vendere le loro azioni se il dividendo di una particolare azienda si riduce o se perde il profitto sostenibile secondo l'opinione dell'investitore.

CAPITOLO CINQUE

A questo punto, avete familiarizzato con l'argomento delle azioni. Tuttavia, se avete saltato la definizione di azioni nei capitoli precedenti, questa è un'altra opportunità per familiarizzare con il tema delle azioni. A differenza dei capitoli precedenti, verranno discussi l'argomento, i benefici, i passi e la strategia dell'investimento azionario per beneficiare di un profitto stabile e significativo.

Cos'è l'investimento azionario?

Le azioni si riferiscono alla percentuale di azioni assegnate a un particolare individuo che ha investito una parte significativa di denaro per diventare un azionista o investitore di una specifica azienda. Questi investitori acquistano azioni o quote di una società che credono possa contribuire al loro stato finanziario con un aumento del valore del loro prodotto e delle loro azioni. Un'azione è una sorta di investimento nella proprietà di una società; ti dà una percentuale dei diritti di proprietà di una società. In parole semplici per una maggiore comprensione, l'investimento azionario è l'acquisto di azioni o di una parte di una società per sostenere uno stato finanziario o ricevere una quantità sostanziale di profitto nel caso di società che distribuiscono dividendi. A parte un aumento della situazione economica dell'investitore, cosa guadagnano le aziende dall'investimento in azioni? Perché un'azienda dovrebbe voler condividere il suo diritto di proprietà con un individuo permettendogli di investire nella sua attività o azienda? Ci sono molti fattori attribuiti a questo. Tuttavia, la risposta più adatta è la loro necessità di moltiplicare il profitto dei prodotti e di raccogliere capitale per la creazione della loro impresa o società e anche garantire un livello costante di fondi per operare la loro impresa. Qualsiasi individuo che possiede una particolare percentuale di azioni viene definito investitore o azionista, un individuo che detiene questa posizione ha diritto a una quota sostanziale dei profitti ottenuti dai prodotti di tale azienda. Prendiamo, per esempio, un individuo che acquista circa 200 azioni di una società che ha 1000 azioni in totale, questa persona ha diritto alla proprietà del 20% del profitto di tale società. Pertanto, un azionista o investitore non può essere considerato l'unico proprietario di una società; possiede solo una percentuale della società che le sue azioni coprono. Come si accede allora alla vendita delle azioni? Le aziende del pubblico trasmettono il messaggio del loro desiderio di vendere attraverso i mercati azionari e questa vendita è ulteriormente confermata su tali piattaforme applicate, un esempio di una piattaforma di mercato azionario è la Borsa di New York. Attraverso, questo capitolo, ci sarebbe una elaborazione di cose che dovrebbero essere compresi e considerati come basi per chiunque sia interessato a investimenti azionari. È essenziale capire le basi dell'investimento azionario in quanto servirebbe come guida per aiutare a garantire il successo dell'esperienza di un individuo in borsa. Come la questione generale in finanza, nulla è permanente, e ci sono fluttuazioni e diminuzioni costanti in qualsiasi questione che possa riguardare l'investimento azionario; da qui, l'importanza dei principi di base dell'investimento azionario discussi attraverso questo capitolo. Essi sono dedicati a garantire che voi siate equipaggiati con le giuste idee e opinioni che aiuterebbero nella gestione di qualsiasi questione o soggetto di investimento azionario. Tra i molti principi presentati in questo capitolo c'è la necessità di assicurare che il vostro investimento sia ben distribuito. Nessuna regola vi limita o vi costringe ad una particolare azienda per l'investimento. Pertanto, l'aumento e lo sviluppo del numero di aziende investite per ammortizzare gli effetti e i fallimenti sulla vostra finanza. Per esempio, se A investisse tutti i suoi soldi nella società Z, e B investisse tutti i suoi soldi nella società Y e in alcune altre società, dividendo i fondi investiti. B non sarebbe colpito come A che ha concentrato tutti i suoi fondi su una particolare azienda, causando un guasto se c'è una diminuzione del profitto dell'azienda Z o se tale azienda fallisce. Avendo affermato l'importanza e la necessità di investire in azioni, come si fa allora a guadagnare con gli investimenti azionari?

Come investire in azioni

Anche se molti individui affermano di essere selvaggiamente interessati all'argomento degli investimenti azionari. Non sono in grado di agire su questi desideri perché non hanno la conoscenza per fare le procedure necessarie per rendere questi desideri una realtà; il desiderio è 'investimento azionario'. Pertanto, è importante evidenziare e definire i passi giusti per assicurarsi di essere in linea con le procedure corrette per investire in azioni.

Identificate il vostro modo di acquisto, nell'investimento azionario; avete la possibilità di acquistare le vostre azioni o stock attraverso la società/brokeraggio o come individuo. Ognuna di queste opzioni ha caratteristiche e opportunità uniche; quindi, dovrete identificare l'opzione più adatta alla vostra condizione. Ogni azienda non offre l'acquisto individuale; tuttavia, le aziende che lo offrono in alcuni casi potrebbero insistere su un investimento minimo tra i 25 e i 100 dollari. Pertanto, è consigliabile registrarsi con una società di intermediazione; aprire un conto di intermediazione. Il processo di apertura di un conto di intermediazione può essere paragonato alla semplicità di aprire un estratto conto con la banca. La percentuale addebitata sul vostro profitto o valore dalla società di brokeraggio non è fissa, da qui l'importanza di considerare ogni opzione possibile.

Principi di base nell'investimento azionario

Per garantire che il vostro viaggio di investimento azionario sia una vela liscia verso la libertà finanziaria, è essenziale evidenziare e definire alcuni principi di base che guidano il mercato azionario. Inoltre, sarete introdotti alle dinamiche del mercato azionario; le sue procedure e funzioni e come gestire alcune delle situazioni in cui potreste trovarvi come investitori del mercato azionario.

Nell'investimento azionario, ogni azionista deve capire che possiede solo una percentuale delle azioni che compongono l'azienda, non ha un diritto o un diritto sui beni che sono detenuti dalla cooperazione, società o impresa. Pertanto, non si può pretendere di possedere la totalità di una società come investitore o azionista. Un investitore o un azionista non può prendere decisioni che possono influenzare o riguardare la società da solo o soggettivamente. Pertanto, un azionista non può lasciare la società con documenti confidenziali senza la necessaria autorizzazione anche con la pretesa o l'opinione di realizzare un'azione che andrebbe a beneficio della società perché la società è proprietaria dei materiali, non l'azionista; il documento è a nome della società. Questo è noto come il principio della separazione della proprietà e del controllo.

Inoltre, la proprietà di azioni di una particolare società ti dà il diritto e l'opportunità di votare su questioni che riguardano le finanze e il benessere della società durante le riunioni degli azionisti. Vi dà il diritto di ricevere una percentuale dei profitti dell'azienda; che sono indicati come dividendi se è incluso come una caratteristica dell'azienda nella loro quotazione azionaria. Questo principio vi dà anche l'opportunità o la libertà di vendere azioni personali in qualsiasi momento e a qualsiasi individuo di vostra scelta. La questione di non poter prendere decisioni per la società o la cooperazione non è considerata un problema dalla maggior parte degli azionisti, nella misura in cui viene loro attribuita la giusta percentuale dei profitti della società. Pertanto, se un investitore desidera un tasso di profitto maggiore rispetto a quello che viene acquisito, tale investitore deve aumentare la percentuale di azioni acquistate in quella società.

Tuttavia, per gli individui che possiedono una percentuale più alta di azioni o titoli rispetto alla maggior parte delle persone, essi hanno un livello più alto di controllo e potere di voto nella società se paragonati ad altri azionisti che ne possiedono meno. L'autorità o il potere che il vostro voto porta si marginalizza in base alla percentuale di azioni assegnate a voi. Inoltre, per gli individui che possiedono una grande porzione di azioni della società, viene data loro l'autorità di scegliere gli individui che compongono il consiglio di amministrazione della società; questo obbligo è più evidente nel caso in cui una società acquista un'altra società. In questa situazione non si acquista solo una percentuale di azioni; la nuova amministrazione possiede l'intera azienda. Pertanto, la nuova amministrazione ha la libertà di scegliere una nuova lega del consiglio di amministrazione. Il nuovo consiglio eletto ha la responsabilità di rieleggere nuovi dirigenti o professionisti che assicurino un aumento del valore e del profitto della cooperazione. I manager e gli amministratori delegati (CEO) sono di solito tra i dirigenti appena eletti.

Nell'investimento in azioni, ad ogni individuo vengono offerti due tipi significativi o opzioni di azioni in cui investire: sono le azioni comuni e quelle privilegiate. Pertanto, ogni investitore intenzionato deve scegliere il tipo di azioni su cui investire. Tuttavia, prima che questa scelta possa essere fatta, perché è una scelta che dovrebbe essere fatta con saggezza e attenzione, un individuo deve capire le disposizioni di ogni tipo di azione. Queste divisioni sono discusse di seguito:

- Azioni comuni: generalmente, quando si parla di azioni, ci si riferisce di solito alle azioni comuni. Questa particolare divisione dell'investimento azionario dà all'investitore o all'azionista il diritto o l'opportunità di votare sulle questioni che riguardano la società durante le riunioni degli azionisti. Gli individui che hanno investito questo tipo di azioni hanno diritto a ricevere i dividendi del loro investimento se hanno investito in una società che paga gli investitori. Inoltre, gli investitori di questa categoria hanno il diritto di eleggere il consiglio di amministrazione. Tuttavia, nella gerarchia delle priorità, e nel caso in cui ci sia uno stato finanziario squilibrato di una società, gli investitori di azioni comuni sono in fondo. Nel caso di una liquidazione, gli azionisti di azioni ordinarie hanno diritto solo ai beni rimanenti o ai profitti dopo che gli obbligazionisti o gli azionisti privilegiati hanno ricevuto la loro parte di profitto e di beni, questo particolare principio delle azioni ordinarie può essere considerato come un rischio per gli investitori

- Azioni privilegiate: la divisione delle azioni privilegiate non offre il diritto di voto agli individui che hanno scelto di investire in questo tipo di azioni. Tuttavia, questi investitori hanno un vantaggio in termini di diritti o rivendicazioni sui beni e sugli utili della società rispetto agli azionisti della categoria delle azioni ordinarie. Sono assegnati i loro dividendi prima di qualsiasi altro gruppo di azionisti e hanno più priorità degli azionisti comuni in una situazione in cui la società fallisce. Hanno una presa e un diritto supremo quando si tratta dell'emissione di dividendi. Tuttavia, questo particolare gruppo di persone ha poteri limitati quando si tratta di votare in un'assemblea degli azionisti o in questioni che possono riguardare il benessere della società. Il loro diritto ai beni e ai profitti della società al momento della liquidazione è secondo agli obbligazionisti e superiore agli azionisti comuni. Tuttavia, una società non è considerata inadempiente se non è in grado di pagare i dividendi agli azionisti privilegiati come nel caso degli obbligazionisti. L'acquisto di azioni privilegiate è di solito fatto attraverso i servizi di agenti di cambio.

La differenza significativa tra azionisti privilegiati e comuni è la modalità di procedura che viene adottata nella distribuzione dei dividendi nel caso di uno stato finanziario collassato o di una società in difficoltà. Nel caso di una società liquidata o di una società in dissesto economico, gli azionisti privilegiati ricevono le aree dei loro dividendi prima che tale pagamento possa essere effettuato agli azionisti comuni.

Modi di raggiungere il profitto in azioni

L'investimento azionario ha più rischi di qualsiasi altra forma di investimento, da qui, la necessità di familiarizzare con la procedura e i passi per assicurare che le decisioni e le scelte di investimento azionario siano fatte con attenzione per acquisire una posizione finanziaria adeguata, soprattutto lo stato di libertà finanziaria. Dopo l'intero processo di investimento, come viene creato il denaro? In quale forma viene acquisito il profitto dal denaro o dal tempo speso nelle azioni di una società? Il guadagno delle azioni investite da un investitore avviene attraverso due forme primarie: la rivendita delle azioni e i dividendi.

La rivendita di azioni: dopo che una percentuale di azioni è stata assegnata al vostro nome; per le società che non pagano dividendi (i dividendi sono la percentuale dei guadagni delle vostre azioni che la direzione della società sceglie di pagare a un investitore). Non è obbligatorio che voi abbiate la proprietà di quella particolare percentuale di azioni. Se l'azienda o il business non vi sembra più attraente, potreste decidere di vendere le vostre azioni o stock a un altro investitore o a un individuo che non ha alcuna connessione o relazione con l'azienda in questione. Pertanto, la vendita di azioni è un modo significativo per assicurarsi che non ci sia una perdita di capitale, dato che si ha la possibilità di vendere le proprie azioni di una società nel caso in cui si percepisca una fluttuazione nella finanza o nell'economia della società.

La seconda forma affidabile e significativa in cui si può ottenere un profitto è attraverso i dividendi. I dividendi si riferiscono al pagamento o alle indennità ricevute dagli azionisti in base alla loro percentuale di azioni della società o dell'impresa di cui hanno una percentuale di proprietà. Questo dovrebbe essere considerato come un pagamento regolare di un azionista o investitore di qualsiasi società, ma questo non è il caso di tutte le società. Come investitore, non hai diritto a nessuna percentuale di dividendi, a meno che una cooperazione non decida di darli; quindi, non tutte le imprese pagano il profitto sulle azioni. Tuttavia, se hai investito in una società che non paga dividendi, hai la possibilità di reinvestire i tuoi guadagni se non hai intenzione di vendere le tue azioni. Potete reinvestire i profitti acquisiti nell'azienda che ha fornito tale vantaggio in prima istanza.

Pertanto, la prima opzione per ottenere un profitto dall'investimento azionario è molto più affidabile in quanto l'individuo controlla il profitto. Nel caso dei dividendi pagati dalle società o dagli affari, qualsiasi gestione potrebbe decidere in qualsiasi momento di interrompere il pagamento dei dividendi se non si adatta alla loro posizione finanziaria in quel momento. Inoltre, possono decidere di aumentare o diminuire i dividendi pagati; non c'è una percentuale fissa di profitti per le aziende che scelgono di pagare.

Vantaggi di ottenere investimenti azionari

Avendo spiegato i diversi passi e procedure che si mettono in un investimento azionario, si potrebbe ancora avere preoccupazione o dubbio dei benefici che questo particolare investimento ha da offrire. Tuttavia, investire nel mercato azionario offre una varietà di ragioni e benefici vantaggiosi. Le seguenti sono alcune ragioni vantaggiose per ogni individuo di investire nel mercato azionario:

- Diversificazione dei fondi: i mercati azionari forniscono una varietà di categorie o opzioni per gli investitori. Pertanto, permette la diversificazione dei fondi in diversi conti o società, permettendo ad ogni individuo di fare diversi guadagni in base alla società e alla percentuale investita. Inoltre, aiuta a evitare la perdita totale dei fondi, a causa della diversificazione disponibile nel mercato azionario generale, ogni individuo è autorizzato a prevenire una perdita totale del capitale investendo in diversi conti o società che il mercato azionario fornisce. Oltre alla diversificazione dei fondi, offre anche l'opportunità di diversificare le attività. Alcune società emettono i loro investitori o azionisti beni, identificandosi come un investitore di tale società vi darebbe accesso a tali beni e garantire che i vostri beni non sono basati o concentrati su un particolare argomento e area.

- Facile accesso: Un gran numero di individui è più interessato alle idee a cui si può accedere facilmente che a quelle che si rivelano difficili. Il modo più accessibile di accesso in questo tempo è la tecnologia, i mercati azionari e le azioni possono essere avvicinati e ottenuti attraverso Internet, questo è dovuto alle innovazioni tecnologiche che sono state messe in atto nel corso degli anni. L'accesso alle azioni è prontamente reso disponibile con l'intervento o l'aiuto dei conti di intermediazione o società. Il processo necessario è quello di identificare una società di intermediazione e inserire le informazioni richieste da voi. Con i dettagli adeguatamente attribuiti, siete pronti per essere un azionista o un investitore di qualsiasi azienda che ha bisogno dei vostri servizi.

- Opzione di investire in conti più piccoli: alcuni individui non sono interessati all'investimento di fondi perché credono che i loro fondi sarebbero in perdita. L'investimento nel mercato azionario ti dà la possibilità di investire un piccolo numero di fondi e non i tuoi fondi totali. Questo viene fatto attraverso l'istituzione del piano di investimento sistematico (SIP).

- Investimento intercontinentale: è essenziale menzionare che l'investimento azionario non è limitato a un paese particolare. Vi viene data l'opportunità e la possibilità di investire in imprese e società all'interno e all'esterno del vostro paese. La prospettiva degli investimenti intercontinentali è strettamente associata al beneficio della diversificazione. Pertanto, si ottengono profitti in fondi o conti che sono diversi dal paese abitato da voi. Inoltre, aiuta ad ottenere beni in questi paesi.

- Partnership: in alcune situazioni, gli individui non possono o non possono partecipare al compito o al lavoro che desiderano veramente a causa di vari motivi. L'opzione dell'investimento azionario permette di investire o diventare partner di aziende la cui visione è strettamente legata alla vostra. Questo può non essere il caso in alcune situazioni. In alcuni casi, la partnership è necessaria perché non si hanno i fondi giusti per stabilire un'idea di business.

- Ottenimento di dividendi: per le società o imprese che emettono profitti per i loro investitori, questo è un beneficio standard dell'investimento azionario. Principalmente, si tratta di ottenere più soldi da una società o da un'impresa rispetto a quello che si è investito; raddoppiando il proprio denaro o capitale. Pertanto, per un individuo interessato al reddito passivo, l'opzione di investimento azionario è un modo piacevole di guadagnare senza fare nulla, soprattutto quando si dispone di una percentuale sostanziale di fondi.

I mercati azionari e gli investimenti sono un aspetto essenziale della libertà finanziaria da considerare. Aiuta a far crescere non solo un'economia individuale ma anche l'economia nazionale del paese o dello stato a cui un individuo appartiene. Pertanto, con l'investimento azionario, si è in grado di aumentare con la crescita dell'economia della nazione. Questo è possibile perché quando l'economia di qualsiasi società si rafforza, c'è un aumento dei posti di lavoro forniti e del reddito; questo permette ai prodotti di ogni azienda di ottenere più pubblico. Pertanto, la crescita dell'economia di una nazione è vitale per la crescita di un'azienda, di conseguenza, fondamentale per il raggiungimento della libertà finanziaria.

CAPITOLO SESTO

Investimento in Exchange-Traded Fund (ETF)

Per gli individui che sono interessati al profitto dell'investimento ma le opzioni disponibili nell'investimento azionario non li favoriscono o soddisfano. L'argomento dei fondi negoziati in borsa porta un cambiamento nella vostra situazione finanziaria in quanto offre investimenti in azioni, obbligazioni e altri beni. Gli individui interessati che sono interessati alle opzioni di investimento disponibili troverebbero la conoscenza e la comprensione del fondo scambiato in borsa necessarie. L'istituzione del piano ETF è radicata nell'Index Participation Shares del 1989 che aveva legami commerciali con l'American Stock Exchange (ASE) e anche, il Philadelphia Stock Exchange. Queste aziende o istituzioni possono essere considerate come la genesi di questa particolare opzione di investimento.

- Fondo comune: si riferisce a una combinazione di fondi o denaro raccolti da azionisti o investitori da investire in titoli, questi titoli includono azioni, obbligazioni e alcune altre attività. Questi fondi o capitali investiti sono di solito monitorati o gestiti da consulenti finanziari certificati o qualificati, che assicurano che i fondi siano gestiti e assegnati in modo appropriato per garantire un guadagno redditizio per gli investitori. I fondi comuni sono simili ai fondi negoziati in borsa perché entrambi includono una combinazione di attività e offrono agli investitori l'opportunità di diversificare.

- Attività sottostante o indice: un'attività sottostante è utilizzata per identificare l'oggetto principale che dà valore, significato o aiuta a identificare l'oggetto principale del contratto.

Cos'è un Exchange Traded Fund (ETF)?

Avendo familiarizzato con la storia e l'istituzione dell'exchange-traded fund, si pone la domanda "cos'è un ETF? È importante considerare questa particolare domanda perché è la base su cui ogni altro punto o idea di ETF acquista significato e comprensione per i potenziali investitori. Per semplificare l'argomento discusso in questo capitolo, è fondamentale definire brevemente il termine fondi comuni di investimento, a cui si farà riferimento durante il vostro corso di fondi negoziati in borsa. Questo termine viene poi discusso brevemente;

Pertanto, un exchange-traded fund (ETF) è un fondo; come implica il nome. Permette ai suoi partecipanti una varietà di titoli nel commercio in diverse opzioni di investimento di scambio. I titoli dell'exchange-traded fund offrono molte opzioni di investimento individualmente. Tuttavia, queste opzioni sono spesso combinate in alcuni casi, come materie prime, obbligazioni e azioni. I principi dell'exchange-traded fund possono essere paragonati ai fondi comuni di investimento a causa della varietà di opzioni di investimento come azioni e obbligazioni da scambiare. È anche simile a un'azione ordinaria, nel caso in cui permette di vendere azioni durante tutto il giorno, a differenza dei fondi comuni di investimento che scambiano solo una volta al giorno e questa opportunità è disponibile solo dopo la chiusura del mercato. I fondi negoziati in borsa hanno l'attributo della fluttuazione simile alle azioni ordinarie; da qui, la ragione dell'aumento e della diminuzione dei prezzi dei fondi negoziati in borsa sia per i venditori che per i compratori.

L'opzione o l'idea dei fondi negoziati in borsa è attraente soprattutto per gli individui che sono interessati alla diversificazione, sia la diversificazione delle attività che dei fondi. Non offre una solida scelta di attività, a differenza delle azioni, il motivo per cui può attrarre più investitori rispetto alle normali azioni.

Tipi di Exchange Traded Fund

È essenziale sintonizzare o familiarizzare ogni individuo o potenziale partecipante dei fondi negoziati in borsa con i diversi tipi disponibili, ed evidenziare i vantaggi che ogni opzione fornirebbe. I vari tipi di fondi negoziati in borsa sono utilizzati per generare profitti e altre disposizioni vantaggiose. I seguenti sono i tipi di fondi negoziati in borsa:

- Bond Exchange Traded Fund: si riferisce ai fondi negoziati in borsa che investono in obbligazioni. Questo particolare tipo è comune nella categoria del reddito fisso, soprattutto perché i prezzi nuovi e vecchi sono disponibili a tutti gli azionisti o investitori in quanto sono scambiati in borsa. Tuttavia, questa specifica categoria di fondi negoziati in borsa di solito prospera quando l'economia è in recessione perché il denaro viene spesso spostato dalle azioni alle obbligazioni dagli investitori. Questo è un indicatore significativo della situazione di un'economia.

- Sector Exchange Traded Funds: traccia un'industria o un mercato o un settore particolare piuttosto che l'intero mercato generale disponibile. Gli exchange-traded fund settoriali investono nelle attività o nei titoli di un settore precisamente definito. Prendete, per esempio, il settore exchange-traded fund può tracciare solo l'indice per i titoli finanziari, i titoli energetici o i titoli tecnologici; dipende solo dal settore specificato. Fornisce l'opzione o l'opportunità di investire in una società senza lo stress di combinare i singoli titoli forniti in quel settore specifico. Questo particolare exchange-traded fund è comunemente basato sulle azioni basate negli Stati Uniti. Questo non limita un individuo che cerca di investire globalmente come alcuni individui sono partecipanti di questo; l'opzione di investimento globale è esplicitamente fatto per guadagnare dalla performance del settore in tutto il mondo. Tuttavia, nella scelta di investire in un particolare settore, è importante identificare o ricercare se il settore è effettivamente una classificazione. Questo è il punto dell'istituzione del Global Industry Classification Standard (GICS). Ci sono molti settori disponibili nel mondo, e ogni settore ha un sotto-settore che viene attribuito. Da qui, il ruolo del GICS nell'evidenziare e definire la classificazione dei settori.

- Inverse/Short/Bear Exchange Traded Fund: questo comporta l'uso di vari derivati per guadagnare dalla perdita o dal declino del valore delle attività sottostanti. I fondi inversi scambiati in borsa comportano il mantenimento di posizioni minime, e permette anche l'opportunità di prestare alcuni titoli e venderli; tuttavia, con il desiderio di riacquistarli ad un prezzo inferiore.

- Commodity Exchange Traded Fund: si tratta di un investimento in materie prime fisiche o comuni e risorse naturali. Di solito, questo tipo di ETF si concentra su un particolare tipo di merce o su investimenti che verrebbero fatti in base alla conclusione del contratto. È importante notare che un individuo che acquista un commodity exchange-traded fund ha diritti di proprietà sull'insieme di operazioni che sono sostenute da una merce, non da un bene fisico. I prodotti più riconosciuti e popolari in cui si investe di solito sono petrolio e gas, oro, argento. L'investimento nella materia prima oro è così popolare che è stato tra le prime materie prime investite; è stato ufficialmente identificato come una materia prima ETF da Benchmark Asset Management Company Private Ltd in India nel maggio 2002. Inoltre, la popolarità della materia prima oro può essere attribuita al riconoscimento del SPDR Gold Shares come il secondo più grande fondo scambiato in borsa nel novembre 2010. A differenza di ogni altro fondo scambiato in borsa che è stato discusso, questo tipo di fondo scambiato in borsa non traccia gli indici perché non investe in titoli.

- Currency Exchange Traded Funds: questi fondi negoziati in borsa hanno l'unico scopo di fornire alle valute estere opzioni di investimento ed esposizione. Questo particolare exchange-traded fund è il più grande al mondo grazie all'opzione di investimento in valuta che offre.

Strategia degli Exchange Traded Funds

I fondi negoziati in borsa sono un modo adatto alla libertà finanziaria, ed è anche un inizio ideale per gli investitori principianti a causa dei molti vantaggi che fornisce, vantaggi come l'efficacia dei costi, la diversificazione e i benefici fiscali. Tuttavia, questi fondi negoziati in borsa possono essere utilizzati al massimo della loro efficacia solo con la comprensione e le scelte strategiche nel processo. Pertanto, è di fondamentale importanza familiarizzare con le caratteristiche che rendono l'ETF una delle strategie più efficienti per raggiungere uno stato finanziariamente libero. Quelle che seguono sono alcune delle caratteristiche e dei piani più critici che devono essere applicati per sfruttare al meglio l'exchange-traded fund.

1. Importo fisso in dollari: questo comporta l'acquisto di un'attività per un importo di un dollaro fisso specifico, nonostante il cambiamento che viene attribuito al costo o al prezzo di tale attività; rimane l'importo fisso in dollari. La maggior parte della percentuale di investitori sono individui che hanno una fonte di stipendio stabile e sarebbero in grado di risparmiare o contribuire con una certa percentuale della loro paga di base. Se siete in grado di fare questo, allora dovreste investire o contribuire con una parte della vostra paga di base in un fondo scambiato in borsa o in un gruppo di essi. Questo particolare principio di contributo o investimento aiuterebbe ad insegnare e stabilire la politica

del risparmio, che è essenziale per il raggiungimento della libertà finanziaria. Per diventare davvero liberi finanziariamente, dovete aver acquisito familiarità con la disciplina del risparmio in quanto aiuta a controllare le spese. Inoltre, questo aiuta a mettere al sicuro i vostri fondi e a ridurre i rischi sul denaro investito. La situazione di un importo fisso accumulato una percentuale più significativa di interesse o profitto quando il fondo scambiato è legge, e una percentuale più bassa mentre alta che aiuta a garantire la vostra finanza in uno stato finanziario e a volte sopra.

2. Allocazione delle attività: come illustra il titolo, questo comporta la distribuzione di una parte di un intero a diverse categorie di attività; azioni, obbligazioni e materie prime. Questo è più efficace per gli individui interessati al vantaggio di diversificazione dei fondi negoziati in borsa. L'exchange-traded fund ha una bassa tolleranza di investimento che permette ai partecipanti di impostare una strategia di asset allocation a seconda della loro tolleranza del rischio e del tempo di investimento.

3. Rotazione dei settori: i fondi negoziati in borsa permettono ai partecipanti e agli investitori di partecipare a diversi settori a seconda della situazione attuale dell'economia.

4. Investire nei mercati che forniscono ETF: i fondi negoziati in borsa sono disponibili nei mercati azionari. Ci sono fondi negoziati in borsa per diversi settori. Pertanto, devi solo

identificare l'ETF specificato nel tuo particolare settore di interesse.

5. Identificare un settore di investimento: dopo aver riconosciuto l'interesse a far parte del fondo scambiato in borsa. La cosa più importante è identificare il settore in cui si vorrebbe investire, dato che il fondo scambiato offre opzioni di investimento agli individui che mostrano interesse.

Vantaggi degli Exchange Traded Funds

Nel corso del tempo, molti individui si sono identificati come partecipanti ai fondi comuni a causa dei titoli forniti. Tuttavia, l'istituzione del fondo scambiato in borsa offre un approccio diverso ai vantaggi che erano propri solo dei fondi comuni. Pertanto, è essenziale essere consapevoli dei vantaggi di ogni opzione di investimento per garantire che il vostro interesse in un particolare campo o settore di investimento non crolli. È per questo motivo che vengono discussi alcuni dei vantaggi dei fondi negoziati in borsa rispetto ad altre opzioni d'investimento.

- Disponibilità di diversificazione: un investitore nel settore finanziario può avere un interesse nelle discussioni o nei profitti forniti da diversi altri settori, ma potrebbe essere limitato a causa dell'inesperienza o dell'inefficienza in tale settore. Tuttavia, questo non sembra essere un problema significativo con le disposizioni dell'ETF, che permette a un investitore di acquisire esposizione in un settore specifico. L'exchange-traded fund è ora disponibile in ogni settore o aspetto riconosciuto nel mondo. I fondi scambiati in borsa sono scambiati in attività, materie prime e classi. Attraverso l'acquisto di un particolare fondo, l'exchange-traded fund può aiutare a identificare altri titoli, come azioni e obbligazioni. Aiuta anche a ridurre il rischio di perdita a causa della diffusione dei fondi o del capitale in vari mercati e attività, come risultato di questo, offrendo un tasso di reddito più significativo rispetto alle opzioni di investimento regolari. L'esempio più comune di questa opzione di diversificazione disponibile che viene messa a buon uso e che ritrae efficacia è il Vanguard Stock Market Exchange, Traded Fund. Essi partecipano all'investimento di oltre tremila e cinquecento (3.500) azioni degli Stati Uniti. La caratteristica della diversificazione è evidente poiché il loro investimento coinvolge aziende in vari, se non tutti i settori che sono legati all'economia degli Stati Uniti.

● Conveniente: nell'investimento azionario e nei fondi comuni, la gestione attiva richiede il pagamento di fondi e altre spese che variano a seconda dei requisiti richiesti dal livello di gestione. I costi che possono essere sostenuti attraverso il processo di gestione possono includere spese amministrative, costi di marketing e costi di distribuzione. Tuttavia, i fondi negoziati in borsa sono a basso costo rispetto ai fondi comuni, e sono riconosciuti per questa particolare caratteristica. Sono identificati e conosciuti per il basso rapporto di spesa che offre agli investitori, e questo rapporto specifico è di solito nella gamma di 0,10% e 0,25%. I fondi negoziati in borsa non richiedono alcun lavoro effettivo o partecipazione, da qui la ragione della drastica differenza tra essi e i fondi comuni gestiti. Di solito non richiede una gestione significativa, ed è anche considerato come un fondo gestito passivamente perché non richiede ricerca o analisi.

Inoltre, i fondi negoziati in borsa sono a basso costo per quanto riguarda le notifiche, le dichiarazioni e i trasferimenti che sono richiesti, a differenza dei fondi tradizionali che danno agli investitori il diritto o il diritto di ottenere regolarmente notifiche e rapporti. Negli ETF, gli sponsor sono tenuti a fornire le informazioni solo ai partecipanti diretti e ai proprietari di capitale di specifiche unità di creazione.

Infine, un'altra caratteristica conveniente del fondo scambiato in borsa è che non richiede commissioni di riscatto come i fondi comuni. Gli investitori o gli azionisti che partecipano al fondo scambiato in borsa possono evitare le commissioni di riscatto a breve termine necessarie per i fondi comuni.

- Vantaggi fiscali: confrontando la struttura dei fondi comuni e dei fondi negoziati in borsa, il primo incorre in una maggiore tassazione sugli utili di capitale rispetto al primo. Nel caso in cui il fondo negoziato in borsa dovesse addirittura incorrere in una tassa sulle plusvalenze, essa viene tassata solo nel momento in cui l'investitore vende il fondo. In questo stesso argomento, i fondi comuni di investimento sono tassati sulle plusvalenze durante tutto il tempo dell'investimento piuttosto che nel momento della vendita. Tuttavia, considerando il pagamento dei dividendi, il pagamento dei dividendi agli investitori dei fondi scambiati in borsa è meno vantaggioso rispetto ai fondi comuni tradizionali. I fondi scambiati in borsa emettono due categorie significative di dividendi (profitti di un particolare investimento), che sono dividendi qualificati e non qualificati. Ognuna di queste categorie ha un requisito stabilito che conferma che si tratta di un dividendo qualificato o non qualificato. Un fondo scambiato in borsa è approvato per ottenere dividendi qualificati quando il particolare scambiato in borsa un investitore riconosciuto o specifico ha posseduto il fondo per almeno sessanta (60) giorni prima della data fissata o prevista per i dividendi da pagare. L'aliquota dell'offerta di dividendi qualificati dipende dal tasso di reddito dell'investitore o dell'azionista. Tuttavia, l'aliquota disponibile è compresa tra il 5% e il 15%, mentre i dividendi non qualificati sono tassati in base all'aliquota dell'imposta sugli utili dell'investitore. Tuttavia, il reddito di investimento (dividendi) ottenuto dalle società nel fondo scambiato in borsa viene reinvestito immediatamente, a differenza dei fondi comuni di investimento il cui tempo di reinvestimento può variare.

- Flessibilità nel commercio: Il commercio ordinario in un fondo comune è permesso solo una volta durante il giorno, questo tempo è appartato alla fine del mercato quando il mercato chiude. Gli investitori sono tenuti ad aspettare fino a quando il Net Asset Value (NAV) viene affermato per conoscere il prezzo delle nuove azioni e il profitto ottenuto dalle azioni vendute. Questo non sembra essere un ostacolo per alcune persone, anche se può essere un ostacolo per gli individui che appartengono alla categoria degli investitori a breve termine e quelli che richiedono flessibilità nelle loro finanze. Tuttavia, i fondi negoziati in borsa condividono la somiglianza degli investimenti azionari che permette agli investitori o agli azionisti di comprare e vendere azioni o beni durante il giorno, e i fondi negoziati in borsa permettono anche questo.

Questo permette agli investitori di piazzare ordini specifici per evitare certi rischi o perdite. Un esempio di tale richiesta è un ordine stop-loss, e questo particolare ordine di mercato permette agli investitori di vendere parte delle loro attività o di vendere interamente il fondo scambiato in borsa, ad un prezzo specifico. La flessibilità dei fondi negoziati in borsa permette anche agli investitori il vantaggio di piazzare ordini in modi diversi.

- Trading di nicchia: Questo particolare beneficio è maggiormente identificabile con il fondo settoriale scambiato in borsa. L'exchange-traded fund permette agli investitori o agli individui di investire in alcuni settori che i normali fondi comuni non forniscono. A causa della classificazione del GCIS, i fondi negoziati in borsa possono coprire più dei settori ordinari, e comprende anche i sottosettori.

CAPITOLO SETTE

Trading di opzioni, proprietà in affitto e vendita di case

I capitoli precedenti hanno esplorato varie opzioni che potrebbero aiutare o aumentare la possibilità di libertà finanziaria per ogni individuo. Ci sono tre opzioni di base o categorie di compiti o opportunità che non richiedono l'investimento di capitale in una società o in un'impresa attraverso l'acquisto di azioni o titoli. Anche le opzioni che saranno discusse nel corso di questo capitolo non richiedono di essere un rivenditore o un impiegato, e queste opzioni offrono ai partecipanti o agli individui l'opportunità di essere identificati con lo status di "self-made" finanziariamente libero. Le possibilità che appartengono a questa categoria sono il trading di opzioni, la proprietà in affitto e il flipping delle case. Gli effetti di queste decisioni di reddito finanziario su uno stato economico attuale verrebbero discussi; inoltre, l'efficacia di queste opzioni sarà uno degli argomenti di questa particolare sezione del libro. Queste opzioni (trading di opzioni, proprietà in affitto e vendita di case) sono categorizzate nello stesso capitolo perché hanno requisiti simili. Possono essere indicati come sottosettori sotto il settore generale della finanza, dello stipendio di base, o dello stipendio ricevuto dall'emissione di reddito passivo (stipendio ricevuto da compiti che non richiedono attività estese da un individuo. Questo ci porta al punto in cui è fondamentale capire il significato e il contenuto di queste opzioni.

Un'introduzione al trading di opzioni

Come implica il nome o il titolo di questa particolare opzione, si tratta di uno scambio. Pertanto, le opzioni si riferiscono a un contratto o accordo che permette agli individui di commerciare per un soggetto specifico di interesse o qualsiasi attività sottostante. Il commercio in opzioni non è una costrizione per gli investitori. Tuttavia, è consentito a qualsiasi investitore che presenta o mostra interesse nella vendita o acquisto di titoli, fondi negoziati in borsa e anche attività sottostanti. Un'opzione è un accordo riconosciuto o qualificato che permette a un investitore di acquistare e vendere attività o titoli sottostanti entro un intervallo di tempo specifico in un tempo particolare. L'acquisto, cioè l'acquisto e la vendita di opzioni che includono attività e titoli sottostanti, può essere fatto attraverso il normale processo di acquisto di varie altre attività o azioni. Pertanto, le opzioni vengono acquistate attraverso i servizi di un broker quando un individuo ha creato o attivato un conto di intermediazione. Anche se si potrebbe presentare o capire che le opzioni sono eccessivamente efficienti, non sono prive dei rischi presenti in altre opzioni di investimento. Pertanto, un investitore che è nel business o nell'interesse del trading di opzioni deve essere consapevole dei rischi che sono presenti in questo particolare commercio. Questa è la ragione principale dell'avvertimento che ogni servizio di brokeraggio offre ai partecipanti prima che il contratto sia completamente applicato.

Questo avvertimento di solito include il fatto che il trading di opzioni consiste in un rischio significativo di perdere profitti. Due termini principali sono significativi nell'acquisto e nell'impegno del trading di opzioni, e questi sono "opzione call" e "opzione put". L'opzione call si riferisce alla situazione in cui un individuo o un investitore acquista una particolare percentuale di opzioni che gli permettono di acquistare azioni in un momento diverso, mentre l'opzione put consente di acquistare un'opzione che permette di vendere azioni in un momento successivo o diverso. Inoltre, nel considerare il ruolo del trading di opzioni e confrontandolo con l'investimento in azioni, questa particolare opzione non equivale al diritto o al diritto di rivendicare la proprietà di una specifica azienda. Tuttavia, le opzioni in misura significativa sono considerate con un vantaggio più sostanziale perché mettono i partecipanti a un rischio inferiore, dando loro il diritto o il diritto di ritirare o rescindere un contratto di opzioni in qualsiasi momento che sembra favorevole.

Nella finanza e negli investimenti in generale, queste opzioni sono comunemente chiamate dalla maggior parte delle imprese o società e anche dagli individui come derivati perché sono un sotto-settore dei titoli. Si chiamano derivati perché il loro prezzo o costo dipende dal prezzo di qualcos'altro. Cioè, il valore di un derivato o delle opzioni, in questo caso, deriva dal costo di un prodotto diverso. Perciò, al giorno d'oggi, molti prodotti sono derivati di altre cose. Prendiamo, per esempio, la carta è un derivato del legno, il caffè è un derivato del cacao, e anche un'opzione stock deriva da un'azione. Pertanto, il prezzo delle opzioni è derivato dal valore che è attaccato a un bene diverso.

Ci sono due tipi fondamentali di opzioni, e queste sono le opzioni americane e le opzioni europee. I nomi non implicano che queste opzioni siano diverse in base alla posizione geografica; l'unica differenza è nei termini di periodo o tempo di esercizio. Le opzioni americane si riferiscono a opzioni che vengono esercitate in qualsiasi momento entro la data di scadenza e di acquisto, mentre le opzioni europee possono essere applicate solo alla data di scadenza.

Vantaggi del trading di opzioni

Dopo la definizione e la spiegazione delle opzioni, è essenziale indicare chiaramente i benefici che sono disponibili per gli individui che intendono partecipare a questa particolare categoria. Pertanto, le ragioni per ogni individuo di utilizzare il trading di opzioni sono discusse nei paragrafi successivi. Queste ragioni sono anche i benefici essenziali che sono fattibili per i partecipanti o gli investitori del trading di opzioni.

- Il vantaggio della speculazione: si tratta di una possibilità o di una revisione sulla scommessa del prezzo dei beni e della posizione che avrebbe preso in seguito, cioè la possibilità che possa aumentare o diminuire. Gli individui che sono efficaci nell'uso di questo particolare vantaggio sono indicati come speculatori. Quindi, in base all'analisi fatta da uno speculatore, potrebbe credere che il prezzo legato a uno specifico stock potrebbe aumentare, in base a questo pensiero, lo speculatore potrebbe acquistare uno stock o mettere l'opzione call in atto per acquistare lo stock. Pertanto, l'acquisto di un'opzione call protegge gli individui dai rischi e fornisce un livello di leva accettabile rispetto all'acquisto dello stock stesso senza la certezza che il prezzo sarebbe aumentato o diminuito.

- Il beneficio di una copertura: la copertura si riferisce a qualcosa che fornisce sicurezza da rischi o perdite. La funzione fondamentale delle opzioni riconosciuta dagli individui è la sua funzione di copertura. Pertanto, con le opzioni, gli investimenti hanno la possibilità di essere assicurati dai loro investitori. Vi viene dato un beneficio simile o un sollievo che è disponibile per i vostri altri beni, questo beneficio è una polizza di assicurazione che aiuta a garantire che i vostri investimenti sono coperti da un'assicurazione in caso di liquidazione.

Un'introduzione alla proprietà in affitto

La maggior parte degli individui ha amici o membri della famiglia che sono affittuari o abitanti di una casa che non gli appartiene legittimamente. Tuttavia, queste persone non sono l'oggetto della discussione in questa sezione. Invece, questa sezione è dedicata agli effettivi proprietari delle case o agli individui interessati a questo particolare commercio.

La proprietà in affitto si riferisce alle proprietà che vengono acquistate da un individuo che di solito è indicato come un investitore. Altri individui o inquilini di solito affittano questa proprietà o casa acquistata, questo accordo o relazione tra questi individui è contenuto in un contratto noto come un contratto di affitto o un contratto di locazione. La maggior parte di queste proprietà in affitto sono investite con l'intenzione primaria di trarre profitto quando vengono affittate o attraverso la rivendita della proprietà in un momento successivo. In alcune situazioni, viene fatto per guadagnare attraverso entrambe le opzioni indicate. In una proprietà in affitto, c'è un requisito significativo per qualificarsi come investitore immobiliare, e un investitore immobiliare potrebbe riferirsi a un singolo individuo o a un gruppo di persone. Anche una società o un'azienda registrata potrebbe decidere di investire in proprietà in affitto. Tuttavia, ci sono due classificazioni primarie di proprietà in affitto; queste sono la proprietà in affitto residenziale e la proprietà in affitto commerciale.

La proprietà in affitto residenziale si riferisce ad una categoria o gruppo di case che sono limitate ad essere abitate da individui uno spazio di vita e di abitazione. Questa particolare categoria consiste di varie strutture di case, e comprende unità di appartamenti e duplex e bungalow, purché sia vantaggioso per l'individuo che abita in tale spazio. Questo particolare investimento è abbastanza attraente e raggiungibile dalla maggior parte degli investitori perché ogni individuo può relazionarsi a questo livello a causa della sua precedente esperienza come inquilino. Inoltre, questa particolare sezione di investimento è in grado di offrire una fonte di reddito stabile mensile o annuale, e i suoi vantaggi fiscali sono più attraenti di altre opzioni di investimento.

La proprietà commerciale in affitto si riferisce alla categoria di proprietà che sono utilizzate esclusivamente per attività commerciali e di business. Comprende sia edifici che terreni che forniscono profitto a una particolare istituzione. Tuttavia, se un edificio è registrato come proprietà in affitto commerciale, ha leggi diverse che si applicano ad esso, e la percentuale e il processo di tassazione sono diversi rispetto alla proprietà in affitto residenziale.

Passi per garantire un investimento redditizio nella proprietà in affitto

Avendo definito il termine "proprietà in affitto", è importante elaborare le misure essenziali che assicurano che investire in proprietà in affitto sia redditizio per voi come lo è stato per altri individui.

- Identificazione: è vitale identificare e capire il principio della proprietà in affitto. Il settore della proprietà in affitto o dell'investimento immobiliare ha contribuito a stabilire alcune delle persone più ricche del mondo. Dato che questo è uno dei tuoi tanti obiettivi, per raggiungere la libertà finanziaria, non è una sorpresa che tu cerchi i benefici di questo principio per identificarti con lo stesso status economico. Tuttavia, questa potrebbe essere una decisione di investimento vantaggiosa per loro, ma non è sempre il caso per ogni individuo. La posizione di proprietario di un immobile è infusa di un sacco di responsabilità e piuttosto impegnativa. Perciò, dovete credere di poter adempiere a tutti i motivi che riguardano i vostri doveri di proprietari di immobili.

- Acquisizione di competenze: la maggior parte dei proprietari di immobili nuovi o in via di sviluppo non hanno i fondi per assumere uno specialista della manutenzione dopo l'investimento di denaro nella proprietà in affitto. Da qui, la necessità per loro di acquisire alcune competenze primarie per assistere ai danni che potrebbero verificarsi nella casa. Tuttavia, questo non significa che si occuperanno delle riparazioni per molto tempo, questo potrebbe essere necessario solo fino a quando i profitti dei loro investimenti, cioè il pagamento dell'affitto da parte degli inquilini, saranno acquisiti. Nel caso in cui il proprietario decida di rimanere il tuttofare di un tale appartamento o edificio, risparmia il denaro o i fondi che sarebbero stati necessari per un lavoro professionale.

- Saldare i debiti: questo particolare requisito è stato sottolineato in tutto questo libro. Affinché qualsiasi opzione d'investimento produca dei profitti per gli investitori, è necessario che questi abbiano pagato il debito, altrimenti l'interesse di tale debito continuerebbe a incidere sui loro risparmi. Tuttavia, nel settore immobiliare o delle proprietà in affitto, non è necessario pagare il debito prima di intraprendere la vostra ricerca immobiliare se la proprietà in affitto fornirebbe un profitto superiore al debito. Anche in questa situazione, assicuratevi che il vostro reddito o l'ammontare del vostro stipendio sia superiore al mutuo.

- Evitare il flipping: come principiante nel business delle proprietà in affitto, è molto attraente contrattare un fixer-upper da ristrutturare e trasformare in una proprietà in affitto. Ci sono diversi svantaggi per le vostre finanze quando si sceglie un fixer-upper per essere flippato. Tali case sono costose da ristrutturare, anche se, al momento dell'acquisto, si potrebbe essere dell'opinione che si sta risparmiando una grande percentuale di denaro. Mentre in realtà, si spenderebbe più del budget originale se si fosse acquistata una casa che non ha bisogno di essere flippata. Pertanto, è più ragionevole acquistare una casa che ha bisogno di piccole o nessuna riparazione. Questa particolare opinione è sostenuta da Matt Holmes, amministratore delegato di Holmes Real Estate Group.

- Calcolate i vostri profitti: anche se molte persone hanno familiarità con il termine popolare, "non contate le vostre galline prima che si schiudano". In questo caso particolare, la determinazione del profitto è importante perché vi mantiene in sintonia con l'obiettivo primario o la ragione della proprietà in affitto. Questa idea specifica aiuta anche a tenere traccia dei vostri profitti e delle spese; questo aiuta anche a determinare se la proprietà in affitto fornisce un valido ritorno rispetto ad altre opzioni di investimento. Il rendimento cash-on-cash nelle azioni offre fino al 7,5% di profitto in alcune situazioni, mentre le obbligazioni offrono il 4,5% in alcuni casi. Tuttavia, la proprietà in affitto può offrire un guadagno del 6% in alcune circostanze, rispetto alle altre opzioni di investimento, la percentuale di profitto di questa particolare opzione è favorevole. Inoltre, c'è la probabilità che questo profitto possa aumentare nel tempo.

- **Ubicazione**: è essenziale ottenere una casa a basso costo della giusta ubicazione perché questo determinerebbe il livello di disponibilità degli inquilini. Pertanto, la percentuale di spese ottenute da una particolare casa si basa sull'importo totale della casa al momento dell'acquisto. Nella scelta della posizione di una proprietà in affitto, alcune caratteristiche chiave sono da considerare; queste caratteristiche sono l'aliquota fiscale delle proprietà, un basso tasso di criminalità, una zona scolastica ragionevole.

Quanto è efficace la proprietà in affitto per raggiungere la libertà?

La proprietà in affitto è un'opzione di reddito passivo, ed è anche uno dei modi principali di ottenere un reddito passivo. Pertanto, la proprietà di un immobile o di una proprietà in affitto insieme a un lavoro regolare o nessun lavoro è un modo sicuro per raggiungere uno stato finanziariamente libero. Questa è un'opzione primaria di investimento per raggiungere la libertà finanziaria, specialmente per gli individui o gli investitori che sono contrari agli investimenti nel mercato azionario. La proprietà in affitto fornisce l'opportunità di guadagnare un reddito passivo, per i proprietari di immobili che non intendono riparare i danni nella casa da soli, questo è un suggerimento adatto per il reddito passivo. Il processo di diventare proprietario di una proprietà in affitto non richiede alcuna partecipazione attiva o gestione, a parte il capitale iniziale investito nell'acquisto e i costi generali di manutenzione. Pertanto, puoi essere interessato e investire in una proprietà in affitto senza che questo danneggi il tuo lavoro quotidiano, la tua routine o il tuo programma.

C'è un'enorme crescita del reddito a disposizione dei proprietari di immobili. Come proprietario di un immobile, dopo l'investimento di fondi per guadagnare tale titolo, c'è una crescita della percentuale di reddito. Il profitto o il reddito ottenuto dall'immobile o dalla proprietà in affitto non rimane statico; è così vantaggioso che il beneficio del vostro investimento cresce con un aumento del valore dell'immobile. Inoltre, confrontando la stabilità dell'importo sia del mercato azionario che delle proprietà in affitto, quest'ultimo è più stabile in valore, fornendo una copertura rispetto all'investimento azionario.

Le altre opzioni d'investimento offrono l'opportunità di investire in beni come le azioni e i titoli, e questi sono tutti beni che possono non essere visibili; cioè, non sono fisici. Tuttavia, l'opzione di investire in proprietà in affitto è un bene tangibile e più affidabile perché è qualcosa che si può monitorare da vicino rispetto alle azioni e ai titoli.

In conclusione, nel corso dell'investimento in proprietà in affitto, è essenziale avere aspettative realistiche e ragionevoli riguardo ai profitti. È importante notare che anche se la proprietà in affitto fornirebbe un grande stipendio o una busta paga ad un certo punto, questo non avviene fin dall'inizio, e potrebbe richiedere un po' più della durata prevista in una situazione in cui è stata scelta la proprietà sbagliata. Pertanto, la scelta della proprietà è un fattore critico da considerare negli investimenti immobiliari in affitto. Inoltre, un individuo con poca o nessuna esperienza nel campo potrebbe collaborare con una società per avere una comprensione professionale del funzionamento delle proprietà in affitto.

Un'introduzione alla vendita di case

Nel corso dell'iniziazione al concetto, idea o principio delle case in affitto, il termine "flipping" o "flipping houses" è stato menzionato un paio di volte. Da qui, la necessità di iniziarvi a questa particolare opzione in questa sezione.

"Flipping" come termine generale è l'acquisto di un bene o di beni da vendere per profitto piuttosto che trattenere la posizione o lo stato di proprietà. Questo termine è di solito affiliato al settore immobiliare o alle case, e questo è il punto focale della discussione in questa sezione; il flipping delle case e non il flipping come idea generale.

Quindi, il flipping in questo contesto si riferisce di solito all'acquisto di una casa o di una proprietà immobiliare e alla sua vendita nell'arco di un anno per un rapido profitto. In alcuni casi, si riferisce alla ristrutturazione o alla riparazione della casa prima di metterla in vendita. Questa è una fonte comune di reddito per le persone, specialmente negli Stati Uniti, dove è stato riportato che 207.088 case sono state flippate nell'anno 2017. Ci sono due tipi significativi di flipping. In primo luogo, c'è quello in cui gli investitori acquistano proprietà che si trovano in un mercato principalmente apprezzabile, e queste case identificate vengono immediatamente rivendute senza che gli investitori riabilitino le condizioni fisiche della proprietà. Questa procedura o tipo particolare viene effettuata in base allo stato del mercato e non alle condizioni della proprietà. Il secondo tipo è indicato come il reno flip. Il reno flip costituisce la ristrutturazione della proprietà mirata ad essere flippata, questi rinnovamenti o aggiustamenti sono fatti in base alla conoscenza dell'investitore su ciò che i potenziali acquirenti vorrebbero migliorare. L'idea del flipping è così lucrativa che fornisce l'opzione o l'opportunità di vendita all'ingrosso. Nel business della vendita all'ingrosso di case o proprietà, un individuo che è stato riconosciuto o notato per essere eccezionalmente produttivo nell'identificare case sottovalutate stabilisce un accordo o un contratto per acquistare una particolare proprietà. Tuttavia, l'acquisto di tale proprietà è soggetto a un periodo di ispezione, dopo il periodo concluso, l'imprenditore all'ingrosso è autorizzato a vendere i diritti della proprietà approvata a un investitore che gli paga una percentuale. La proprietà venduta dall'investitore all'ingrosso non deve necessariamente essere girata dall'acquirente; gli è permesso di accontentarsi della proprietà come casa dopo le ristrutturazioni e le riparazioni.

Il business o l'idea dell'immobiliare consiste anche in alcuni rischi che possono essere dannosi per lo stato finanziario dell'individuo. Per esempio, se un investitore ha deciso di investire in una zona riconosciuta, tale individuo non può identificare il momento in cui il valore di tale mercato potrebbe diminuire. Perciò, il valore attaccato a uno scambio potrebbe cadere in qualsiasi momento; l'investitore è svantaggiato perché i beni continuerebbero a deprezzarsi, il che è una perdita per lui.

Come lanciare case in modo efficiente?

Molte persone potrebbero essere interessate a cambiare casa, e molte altre potrebbero aver sperimentato questa linea di reddito. Potrebbero anche credere che il flipping delle case non sia un'opzione di investimento ragionevole o affidabile a causa dei rischi che sono presenti in questo particolare campo. Tuttavia, questo non deve essere il caso per ogni individuo, perché, con la conoscenza di base del flipping case, il profitto può essere fatto in modo efficiente. Pertanto, questa sezione consisterà nei requisiti dell'house flipping e nei passi necessari per assicurare la massima efficacia nel flipping delle case.

Assicuratevi di avere abbastanza capitale o credito. L'opzione dell'house flipping non può essere utile per voi se non avete una percentuale sostanziale di denaro come capitale o un credito eccellente. Questi sono requisiti fondamentali per la ristrutturazione e l'acquisto della proprietà o della casa che sarebbe alla fine flippato. Pertanto, è essenziale avere un eccellente punteggio di credito. Se questo non è il caso, allora dovreste sforzarvi di crearne uno ora. Il punteggio di credito è vitale in quanto determina l'interesse che verrebbe ottenuto o dato su un prestito per la casa una volta iniziato il flipping. Il flipping delle case richiede un sacco di contanti perché una quantità significativa di denaro è necessaria per acquistare la proprietà e per effettuare le ristrutturazioni necessarie.

Fino a che punto il flipping delle case è un successo?

Per assicurarsi che il flipping delle case non diventi dannoso per le finanze di un individuo, è importante capire i seguenti passi prima del flipping delle case.

- Capire il mercato mirato: prima di acquistare una proprietà da capovolgere, è necessario conoscere l'interesse delle persone mirate in quel particolare periodo. Nell'house flipping, per assicurarsi il profitto, un individuo non può fare speculazioni sul desiderio degli obiettivi.

- Identificare le opzioni finanziarie disponibili: ci sono varie opzioni di finanziamento disponibili nei progetti immobiliari. Assicuratevi di considerare ognuna di esse per sceglierne una specifica che assista la vostra particolare situazione. Questa idea specifica vi aiuterebbe a prendere le decisioni giuste per le vostre case.

- Analisi: assicurarsi che le spese e i profitti che si possono ottenere da un particolare progetto siano adeguatamente analizzati. La regola del 70% è la linea guida di base adottata dalla maggior parte dei flipper, e viene utilizzata nella loro analisi prima dell'acquisto di una casa. La regola del 70% prevede che gli investitori non dovrebbero pagare più del 70% dell'ARV (After Repair Value).

- Negoziazione: questo è un requisito cruciale nell'house flipping in quanto determina la percentuale di spese in un particolare affare o su una specifica proprietà. Pertanto, la negoziazione nei rinnovi o nelle riparazioni aiuterebbe a risparmiare un'enorme quantità di denaro.

- Conoscenza dei progetti medi: d'accordo, non ogni proprietà o casa richiederebbe la stessa ristrutturazione, tuttavia, l'esperienza di ciò che una riparazione media in un giorno normale aiuterebbe a determinare se una particolare proprietà è un buon affare, soprattutto per gli individui che hanno intenzione di rinnovare.

- Networking: è importante fare rete con i potenziali acquirenti. L'atto di fare rete non richiede una casa che deve essere capovolta; si può parlare e discutere con loro per capire le ristrutturazioni e il tipo di case che li interesserebbero. Inoltre, ti risparmia la necessità o lo stress di cercare acquirenti quando una proprietà è pronta per essere flippata, e ti dà profitto quando il mercato è ancora di alto valore.

- Offerta: una volta che un investitore ha identificato una potenziale proprietà che sarebbe di profitto per lui, è necessario fare un'offerta di acquisto. Tuttavia, prima di presentare l'offerta, assicuratevi di aver riconosciuto l'importo più alto che potete pagare per tale proprietà senza intaccare il vostro profitto.

- Contrattazione: alcuni individui potrebbero non essere interessati al business della contrattazione perché credono di poter gestire le riparazioni da soli. Questa è un'opinione giusta; tuttavia, è necessario essere in grado di distinguere tra le riparazioni che possono essere gestite da voi e quelle che hanno bisogno di attenzione professionale.

- Rivendere o ri-elencare: nel flipping case, ci sono due opzioni disponibili, si può scegliere di vendere la vostra casa da soli, o si potrebbe elencare ad un agente immobiliare che elenca la casa da vendere nel database Multiple Listing Service. Anche se molti individui non possono mostrare interesse per i servizi di un agente immobiliare a causa dei costi legati ai servizi. Come principiante, è consigliabile impiegare i loro servizi a prescindere dalle spese, perché la rivendita di una proprietà da soli potrebbe richiedere tempo, e c'è una probabilità che la proprietà potrebbe aver ridotto il suo valore se alla fine viene venduta.

Per assicurarsi che il flipping delle case sia un successo, le procedure o i passi di cui sopra dovrebbero essere rigorosamente rispettati in quanto sono i fattori determinanti per il successo di questo commercio o opzione di investimento.

CAPITOLO OTTO

Andare in pensione presto

Il pensionamento in termini semplici si riferisce alla fine o al ritiro dall'occupazione o dalla vita quotidiana di un individuo, e significa anche la chiusura di un lavoro attivo o di uno stile di vita lavorativo. Strettamente collegata a questo termine è la posizione di un semi-pensionamento. Il semi-pensionamento si riferisce a una riduzione delle ore di lavoro di un individuo. La maggior parte degli individui che scelgono di andare in pensione prima del tempo suggerito per il pensionamento, lo fanno a causa del loro stato di ammissibilità alla pensione. Tuttavia, alcuni individui vanno in pensione a causa di situazioni sfavorevoli. Situazioni come malattie o incapacità di funzionare in modo efficiente in una particolare posizione potrebbero richiedere il pensionamento in alcuni casi.

Va notato che il pensionamento non è sempre stato un principio che esisteva nella maggior parte dei paesi o delle istituzioni a causa del tasso di aspettativa di vita e l'assenza di piani di pensionamento, questo significava direttamente che gli individui impiegati dovevano lavorare fino alla morte. Tuttavia, nel tardo 19° secolo e all'inizio del 20° secolo, il concetto di pensione è stato stabilito. Questo principio fu introdotto per la prima volta in Germania nel 1889. L'antecedente storico del pensionamento non è l'argomento centrale di questo capitolo;

questa sezione dovrebbe specializzarsi nel ruolo del pensionamento anticipato e della libertà finanziaria.

Tuttavia, l'opzione del pensionamento anticipato nel raggiungimento della libertà finanziaria potrebbe sembrare ironica, in quanto è un mezzo per generare fondi e reddito attraverso la paga di base. Tuttavia, questa posizione può aiutare a raggiungere la libertà finanziaria ed è stata riconosciuta nel corso degli anni. Questo principio o terminologia è comunemente indicato come FIRE, cioè il movimento Financial Independence and Retire Early. Si considera che un individuo si sia ritirato in anticipo se il ritiro da un lavoro o da un'occupazione attuale avviene prima del termine approvato dal governo o dalla legge che riguarda tale società. Non tutti gli individui che affermano di essere andati in pensione anticipata hanno fatto domanda per questo, alcuni individui in tale situazione perché il loro contratto di lavoro è stato terminato prima del tempo usuale. Tuttavia, essi impiegherebbero invece il termine eufemistico di pensionamento anticipato.

Cos'è il movimento FIRE?

Il movimento Financial Independence and Retire Early (FIRE) è stato istituito sulla base del contenuto del libro del 1992 di Vicki Robin e Joe Dominguez, intitolato "Your Money or Your Life", che prevede il raggiungimento della libertà finanziaria e dell'indipendenza attraverso il pensionamento anticipato. Il principio principale o l'idea del libro che ha lanciato il movimento FIRE è la convinzione che gli individui di solito scambiano la loro energia vitale per denaro attraverso la loro dedizione al lavoro o il loro coinvolgimento nella forza lavoro. È un movimento di pensionamento che permette ai partecipanti o agli individui di andare in pensione prima del tempo o del piano tradizionale previsto. Tuttavia, per la fornitura di indipendenza finanziaria e il movimento di pensionamento anticipato per lavorare per voi, i potenziali partecipanti dovrebbero aver iniziato a contribuire almeno il 70% del loro stipendio o paga base ad un piano di risparmio pensionistico, piani come il 401 (k) e il piano di risparmio Thrift. Gli individui che aderiscono strettamente alla guida del movimento FIRE potrebbero alla fine essere autorizzati a lasciare il loro lavoro e sopravvivere con i contributi versati nei loro risparmi pensionistici. Tuttavia, il ritiro dai risparmi per la pensione deve essere fatto in modo minimo per garantire che l'individuo non esaurisca la totalità dei risparmi. Il contenuto e il movimento dell'indipendenza finanziaria e del pensionamento anticipato è solitamente adottato da individui il cui stile di vita consiste nel risparmio estremo o massimo del loro stipendio, e questi individui assicurano di risparmiare fino al 70% del loro reddito durante i loro anni di lavoro con una società tradizionale. Tuttavia, una volta che hanno raggiunto un obiettivo ragionevole, in alcune situazioni, 1 milione, lasciano il loro attuale lavoro o occupazione, alcuni arrivano addirittura a lasciare la forza lavoro tradizionale. Queste persone sopravvivono sulla disciplina di spendere i loro risparmi saggiamente e non elaboratamente; i principali partecipanti a questo movimento fanno piccoli prelievi dai loro risparmi nel corso degli anni. Questo di solito è compreso tra il 3% e il 4% dei risparmi all'anno. Tuttavia, questa gamma di prelievi non è una costrizione per ogni individuo, poiché la percentuale di prelievi annuali o annuali sarebbe determinata dall'importo totale disponibile in tale conto. La sopravvivenza del movimento FIRE dipende dalla percentuale di prelievo, dalla diligenza nel controllo delle spese, dal mantenimento estremo dei fondi disponibili e dalla riallocazione degli investimenti da parte di ogni individuo. Tuttavia, questo piano prevede anche i suoi rischi, il fallimento o la diminuzione del valore del mercato azionario o del tasso di interesse potrebbe portare a un difetto o al fallimento del piano di indipendenza finanziaria e di pensionamento anticipato. Tuttavia, il movimento FIRE ha una varietà di tipi per adattarsi alle situazioni specifiche di ogni individuo, e queste variazioni forniscono una linea guida per i devoti di ciascuno per vivere, questo aiuta il successo del movimento negli stili di vita individuali. Queste variazioni sono discusse in seguito:

- Fat Financial Independence, Retire Early: questa categoria si riferisce ad un individuo che ha più vantaggio rispetto all'investitore tradizionale di pensione, cioè, la loro percentuale di risparmio potrebbe essere più alta del risparmio normale. Gli individui che appartengono a questa categoria hanno uno stile di vita normale e sono individui che risparmiano una percentuale più alta di quella che ci si aspetta da un normale investitore in pensione. Queste persone spendono più soldi per assicurarsi di avere il loro stile di vita scelto rispetto alle altre varianti, e le loro spese sono di solito tra un milione di dollari e più.

- Lean Financial Independence, Retire Early: gli individui in questa categoria risparmiano all'estremo. I loro risparmi di solito influenzano o dettano il loro stile di vita. È la stretta aderenza a sostanziali risparmi di investimento per la pensione e uno stile di vita minimo. Questa particolare categoria si riferisce a persone il cui stile di vita è basato o controllato con meno di 25.000 dollari (venticinquemila dollari) all'anno.

- Indipendenza finanziaria del barista, andare in pensione presto: alcuni individui hanno lasciato il loro regolare lavoro giornaliero. Tuttavia, hanno ancora un reddito dall'essere un dipendente di qualche tipo. Questa categoria di persone è esplicitamente categorizzata sotto la variante barista. Questa variazione si riferisce a individui che hanno lasciato i lavori regolari che li pagano il loro normale stipendio, ma sono ancora dipendenti di lavori minimi che li pagano per coprire le loro spese correnti. Questo viene fatto di solito per garantire che i loro fondi di risparmio per la pensione non vengano sperperati e siano conservati fino a quando non siano obbligatoriamente necessari.

- Coast/Side Financial Independence, Retire Early: questa particolare variabile è strettamente legata al barista. Proprio come il barista FIRE, questi individui hanno lasciato il loro lavoro e sono dipendenti di un lavoro part-time per coprire le loro spese correnti. Tuttavia, la variazione tra questi due è che i sostenitori della costa FIRE possono permettersi le loro attuali spese quotidiane con i loro fondi pensionistici senza un effetto negativo sui loro risparmi pensionistici.

Passi per un efficace piano FIRE

L'indipendenza finanziaria e il pensionamento anticipato sono più che lasciare un lavoro o scrivere un piano di pensionamento. L'idea o il principio potrebbe sembrare semplice in teoria, ma l'esecuzione? Non è così semplice, ci sono alcune linee guida e opzioni specifiche che devono essere considerate, confermate e messe in moto per determinare se un individuo è pronto ad essere un partecipante del movimento di indipendenza finanziaria e pensionamento anticipato. Da qui, la necessità di evidenziare alcuni dei requisiti di base e dei passi del movimento FIRE.

- Passo 1: identificare il tipo di stile di vita che ti gioverebbe. Il primo passo per assicurarsi che il movimento FIRE sia efficace per te è identificare il tipo di stile di vita che risuona con la tua personalità. Il più grande problema che si affronta in molte decisioni finanziarie e istituzione è il fatto che gli individui mostrano interesse in base al profitto o al denaro offerto da una tale decisione. Sulla base delle opinioni del libro "Your Money or Your Life", gli individui sono resi consapevoli che si può sempre fare soldi con qualsiasi mezzo si decida, tuttavia, il tempo della vita che si perde non potrà mai essere recuperato. Quindi, prima di considerare i benefici monetari di una decisione, considerate l'effetto che avrebbe sul vostro stile di vita. Se hai deciso il tipo di stile di vita che vuoi, allora puoi determinare se il principio di FIRE funzionerebbe per te, e anche determinare la percentuale di denaro che sarebbe ragionevole per te risparmiare.

- Passo 2: calcola le tue spese e il tuo budget. Ogni decisione di viaggio finanziario richiede un budget correttamente stabilito. Perciò, dopo aver identificato correttamente il tipo di stile di vita che vi gioverebbe, è essenziale fare un budget per le spese di sostentamento. Così, il processo di calcolo del vostro stile di vita da sogno definirebbe ed evidenzierebbe la percentuale di denaro che deve essere risparmiata annualmente; si suppone che abbiate un'età specifica in cui vorreste andare in pensione. Inoltre, nel calcolo del denaro, non è solo il costo dello stile di vita che dovrebbe essere considerato. Si dovrebbe considerare anche la tassa che verrebbe richiesta su tali risparmi, le indennità di inflazione o deflazione in qualsiasi mercato dovrebbero anche essere considerate in qualsiasi calcolo fatto.

- Passo 3: dare priorità. Dopo, il budget o il tasso di denaro che dovrebbe essere risparmiato annualmente è stato deciso. È essenziale dare delle priorità alle spese per assicurarsi di vivere comodamente e saggiamente. Pertanto, un individuo interessato alle disposizioni di FIRE dovrebbe essere interessato a spendere in cose necessarie e di valore piuttosto che in oggetti che sono desiderati, voluti ma non necessari. Pertanto, tutto il denaro extra che avrebbe potuto essere speso per i desideri può essere impegnato o contribuito a un conto di risparmio perché, nella maggior parte delle situazioni, l'altezza del vostro tasso di risparmio determinerebbe il momento adatto per il pensionamento. L'altezza del vostro tasso di risparmio dipende dal contributo costante, per assicurarsi che il risparmio non diventi un peso o un lavoro di routine per voi, assicuratevi di vederlo come un mezzo per vivere lo stile di vita che desiderate. Il risparmio è semplicemente un mezzo per raggiungere un obiettivo. L'unica procedura che determinerebbe la tua partecipazione al movimento per l'indipendenza finanziaria e il pensionamento anticipato è il risparmio e l'investimento in un piano di risparmio pensionistico. Per accelerare il tuo viaggio verso la libertà finanziaria, è vitale creare un equilibrio tra la paga o lo stipendio di base, il denaro speso e quello che viene contribuito al tuo risparmio pensionistico. In definitiva, risparmiare più velocemente o raggiungere rapidamente l'indipendenza finanziaria richiede una riduzione delle spese che porterebbe ad un aumento dei contributi.

- Passo 4: Pagare i debiti (debiti buoni e debiti cattivi). Sorprendentemente, qui ci si riferisce al debito in positivo, dato che l'unico tipo di debito con cui abbiamo familiarità è quello negativo. Il concetto di debito buono si riferisce ai debiti che si possono usare per generare profitto, e un esempio è il debito ipotecario che viene usato per investimenti immobiliari e i prestiti studenteschi quando aiutano ad ottenere un lavoro altamente redditizio. Tuttavia, il debito cattivo, come avrete capito, è il debito che è dannoso per le vostre finanze. Il denaro è perso quando si tratta di debiti cattivi. Un esempio generalmente o comunemente conosciuto del cattivo debito è il debito della carta di credito con un tasso di interesse fino al 20%. Nel caso di FIRE, è essenziale pagare tutti i debiti esistenti perché è una perdita di denaro alle vostre condizioni. Tuttavia, se siete un individuo che ha sia il debito buono che quello cattivo, la strategia consigliabile nel pagarli è quella che richiede di pagare il debito con il più alto tasso di interesse, che nella maggior parte dei casi è il debito della carta di credito. Questa procedura di pagamento può essere fatta in base all'ordine gerarchico dei tassi d'interesse.

- Passo5: Partecipa al tuo lavoro attuale per ottenere una promozione e l'acquisizione di competenze. La maggior parte del denaro che verrebbe contribuito al tuo piano di risparmio pensionistico verrebbe procurato dal tuo lavoro a tempo pieno o regolare, da qui, la necessità di assicurarsi che tu funzioni al massimo delle tue capacità per guadagnare un aumento. Tuttavia, nella maggior parte delle situazioni, determinati individui meritano un aumento o una promozione, ma gli è stato negato questo vantaggio. È necessario chiedere una promozione se si appartiene a questa categoria perché l'aumento dello stipendio o della paga di base aumenterebbe la percentuale di fondi versati per i risparmi pensionistici, causando così una riduzione del numero di anni che un individuo deve sopportare prima della pensione.

- Passo 6: reddito passivo. Se non avete familiarità con questo termine o non ne siete a conoscenza, questo si riferisce a side hustles o un lavoro regolare che vi permette di guadagnare senza un ruolo attivo. È qui che entra in gioco l'acquisizione di abilità nel passo precedente, e l'abilità potrebbe affrettare la quantità di denaro che contribuisce al tuo piano. Tuttavia, il vostro reddito passivo non deve necessariamente essere un'abilità. In questo caso, è semplicemente qualcosa che puoi fare per acquisire fondi o denaro oltre al tuo lavoro regolare o a tempo pieno; anche se le migliori opzioni di reddito passivo sono quei lavori che determinano o richiedono di partecipare ad attività che generalmente ti piacciono.

- Passo 7: Investire. L'investimento è fondamentale nel piano di Indipendenza Finanziaria e Pensionamento Anticipato. L'investimento è stato discusso in varie sezioni di questo libro e l'investimento non è limitato solo alle azioni. Cosa ha a che fare l'opzione di investimento con FIRE? Se avete intenzione di andare in pensione presto, ma tutti i vostri fondi e il vostro stipendio sono bloccati in un conto di risparmio senza trarne profitto, potrebbe essere un po' faticoso prima che un individuo raggiunga l'indipendenza finanziaria. Tuttavia, quando un individuo può investire i risparmi in un conto d'investimento, velocizza l'intero processo di risparmio, poiché il profitto dell'investimento o i dividendi possono essere reinvestiti e successivamente spostati sul conto di risparmio pensionistico quando il profitto è stato ottenuto dal capitale iniziale. Questa è una procedura essenziale per raggiungere la libertà finanziaria con il piano di pensionamento anticipato. Fondamentalmente, state realizzando un profitto dal vostro denaro iniziale, e sia il profitto realizzato che il capitale investito possono essere successivamente versati sul conto. Tuttavia, è consigliabile investire nei beni più affidabili che sono azioni, obbligazioni e immobili. Ci sono altre opzioni di investimento disponibili, ma queste sono le più affidabili ed efficaci. Inoltre, è necessario assicurarsi che una società, impresa o società sia disposta a pagare i dividendi o il profitto dell'investimento prima che l'intera procedura di investimento venga effettuata. Pertanto, un individuo interessato a investire nelle azioni di una società dovrebbe aver letto o familiarizzato con la quotazione della società.

- Passo 8: Costruire abitudini quotidiane. Avendo seguito i passi necessari per raggiungere l'indipendenza finanziaria e il pensionamento anticipato, bisogna costruire abitudini di coerenza nel risparmio e persistenza nell'attenersi al budget delle spese. Pertanto, è necessario attenersi costantemente ai passi per avere un effetto benefico del piano FIRE. Non potete seguire religiosamente i passi per alcuni mesi e abbandonarli a un certo punto perché credete che il vostro stato finanziario stia andando bene. Un'aderenza rigorosa vi permetterebbe la facilità di adattarvi al cambiamento in qualsiasi caso o situazione.

Sostenere la libertà/indipendenza finanziaria dopo il pensionamento

I passi e le idee che dovrebbero essere seguiti per assicurare che ogni individuo possa essere finanziariamente libero sono disponibili per ogni individuo. I passi per il raggiungimento del pensionamento anticipato e della libertà finanziaria sono stati indicati. Tuttavia, c'è ancora un problema per gli individui quando si tratta del sostentamento e della gestione del denaro dopo il pensionamento. Molti individui credono che sia abbastanza impossibile perché la ragione principale per avere un lavoro è fare soldi e raggiungere la libertà. Anche supponendo di avere un piano di pensionamento sicuro, ci sono spese non pianificate che potrebbero sorgere, e in che modo pensate di reintegrare i fondi che sono stati ritirati senza tante cerimonie? Queste sono domande che sono state poste e a cui si è pensato di rispondere in questa sezione del capitolo. L'incapacità di risolvere queste domande scoraggerebbe gli individui dagli obiettivi di questo capitolo; quindi, la ragione principale per cui questo argomento viene discusso. Alcuni dei modi per sostenere la libertà o l'indipendenza finanziaria dopo il pensionamento sono: investimenti, bilancio, manutenzione adeguata, un consulente finanziario, ecc.

Al momento del pensionamento è essenziale fissare nuovi obiettivi di vita. Il pensionamento significa una nuova fase della vita, ed è essenziale stabilire le aspettative che definirebbero questo particolare ciclo di vita per garantire che la vostra attuale situazione finanziaria non ne risenta negativamente. Pertanto, è importante stabilire o scrivere l'importo attuale che avete sul vostro conto di risparmio, e la percentuale di spese quotidiane che il vostro nuovo stile di vita richiederebbe.

È importante fare un bilancio dopo che gli obiettivi di vita o le aspettative sono stati chiaramente dichiarati. Pertanto, è consigliabile fare un budget per ogni sfera del vostro nuovo stile di vita, poiché questo è l'unico modo per assicurarsi che le vostre spese siano in linea e che i vostri risparmi non vengano spesi eccessivamente fino a una posizione che vi renderebbe scomodi. Il budget creerà una consapevolezza dei fondi che sono disponibili e scoraggerà qualsiasi tentativo di spendere troppo per i desideri piuttosto che per le necessità.

Assicuratevi di non creare alcun debito. A questo punto, i prestiti non dovrebbero nemmeno essere un'opzione per voi, perché mangerebbero solo i vostri risparmi. Pertanto, è importante assicurarsi che tutti i prestiti ad alto interesse come le carte di credito siano pagati in pieno equilibrio ogni punto. Questa particolare opzione è stata precedentemente enfatizzata a causa dell'alto tasso d'interesse che le carte di credito incarnano.

Assecondate le varie opportunità di investimento disponibili. Alcuni individui potrebbero avere un grande piano di risparmio per la pensione che iniziano a sperperare il denaro o i fondi, semplicemente perché sostengono di non avere spese. Invece di questo, tali individui potrebbero investire i fondi in un'azienda, impresa, società per ricevere il profitto del loro investimento, creando così una modalità di reddito per se stessi e raddoppiando i loro risparmi.

Inoltre, sarebbe utile impiegare i servizi di un consulente finanziario se l'intero processo del piano matematico di pensionamento non vi piace. Nella maggior parte dei casi, è utile per gli individui cercare un aiuto professionale per allocare i fondi ad ogni sezione del loro stile di vita. Questa allocazione serve a garantire che non vadano oltre il budget o che abbiano un budget inferiore e debbano rimuovere i fondi di emergenza, il che distruggerebbe il punto principale della creazione di un budget.

Vantaggi del pensionamento anticipato

Cosa hai da guadagnare dopo il pensionamento? Come giovane, perché dovrei voler andare in pensione prima quando ci sono più esperienze e benefici per me nella forza lavoro? In primo luogo, non puoi sapere quanto sia vantaggioso ed essenziale per te un'opportunità o qualcosa finché non la provi, e spesso è meglio capire i vantaggi di una particolare decisione in discussioni con persone che hanno sperimentato tale situazione. Pertanto, nel determinare se il pensionamento anticipato sarebbe vantaggioso per voi, è consigliabile cercare il parere di coloro che sono riusciti nella ricerca. La ricerca, in questo caso, è il pensionamento anticipato.

- Il pensionamento anticipato e l'indipendenza finanziaria renderebbero più facile l'esplorazione del mondo. Molti individui sono interessati a vedere più dello stato, del paese o del continente in cui sono nati. Tuttavia, la maggior parte delle persone non è in grado di fare questo con i reclami di tempo e fondi. Il piano FIRE è un modo significativo per vivere questo stile di vita. Tuttavia, alcuni individui potrebbero insistere che questo particolare "beneficio" è uno svantaggio per i loro risparmi, non hanno torto su questo, ma c'è un modo per farlo funzionare. Questo può essere fatto bilanciando paesi o luoghi costosi con quelli poco costosi, e questa tecnica è stata testata dai suoi sostenitori che hanno viaggiato per il mondo per quattro anni con un costo totale di 30.879 dollari. Gli individui con questa testimonianza sono Kristy Shen e Bryce Leung. Affermano di spendere meno ora che stanno viaggiando per il mondo rispetto alle spese che avevano vivendo in una grande città.

- Il pensionamento anticipato vi metterà in una situazione in cui non dovrete preoccuparvi del denaro. Per alcuni individui, la loro più grande sfida è il pensiero del loro stipendio, dato che vivono di stipendio in stipendio, tuttavia, gli individui che sono stati in grado di sostenere e aderire a un piano di pensionamento possono rinunciare a questa preoccupazione. Con una stretta aderenza a un piano di mantenimento, i loro risparmi per la pensione potrebbero essere sufficienti per durare tutta la vita.

In conclusione, per assicurarsi di contribuire al massimo al raggiungimento dell'indipendenza finanziaria e del piano di pensionamento, è vitale avere un piano di risparmio coerente. Il 401(k) e il Thrift Savings Plan (TSP) sono alcuni modi per garantire la coerenza nel risparmio pensionistico, in quanto entrambi offrono contributi automatici di risparmio che comportano il ritiro di una particolare percentuale dal vostro conto al vostro conto di risparmio personale. Aiuta anche ricevere contributi dall'istituzione o corporazione che potrebbe averti assunto.

CONCLUSIONE

L'intero libro è sezionato in modo che ogni capitolo dia una nuova e fresca opzione per il raggiungimento della libertà finanziaria. Aiuta il fatto che ogni capitolo fornisce una nuova opzione d'investimento o piano finanziario per gli individui, quindi, dà agli individui una nuova idea di libertà finanziaria. Il fatto che questi piani d'investimento e argomenti siano stati suggeriti crea uno stato di realismo che la libertà finanziaria o l'indipendenza è un approccio ragionevole. Il ruolo della libertà finanziaria per ogni individuo dipende dalla strategia e dalle decisioni di ogni individuo. L'efficacia della libertà finanziaria o di ciascuna delle opzioni non può essere generalizzata, anche se si può fare una stima del grado di efficacia.

Tuttavia, molte persone desiderano i benefici di raggiungere lo status di indipendenza finanziaria, ma la verità nella maggior parte delle situazioni è che non sono pronti a sacrificarsi e a dedicare la diligenza e la disciplina richieste dalla libertà finanziaria. Pertanto, si trovano in una situazione in cui sono stati in grado di aderire alle linee guida della libertà finanziaria, ma una volta che percepiscono una piccola quantità di indipendenza nelle loro finanze, abbandonano il regime stabilito che li ha portati a quel particolare stadio. Questo è il motivo principale della maggior parte delle perdite subite dagli individui nella loro ricerca di raggiungere la libertà finanziaria. Questo non è solitamente colpa di alcuni individui, poiché alcuni blog o siti web forniscono un principio ridicolo di vivere prima del raggiungimento della libertà finanziaria. Immaginate di essere consigliati che il raggiungimento della libertà finanziaria e dell'indipendenza richieda che voi vendiate tutti i vostri materiali e vi trasferiate in una roulotte con la vostra famiglia di cinque persone o che non compriate del buon cibo, dovreste invece dipendere dal cibo dei cassonetti o dai rifiuti dei ristoranti. Questi principi sono impossibili da rispettare per chiunque e vanificano l'intero scopo del raggiungimento della libertà finanziaria. Non ci si aspetta che gli individui muoiano di fame e vivano in modo malsano perché vogliono uno status indipendente, ci si aspetta che vivano il vostro stile di vita specificamente scelto prima e durante il vostro percorso per raggiungere uno status finanziariamente libero.

Gli individui dovrebbero essere familiarizzati con l'ideologia che il raggiungimento della libertà finanziaria non avverrà in una notte, come ogni decisione finanziaria che può essere presa, ha bisogno di tempo per crescere prima che i benefici possano essere recuperati. Perciò, qualsiasi scelta o decisione prendiate per raggiungere la libertà finanziaria, è importante che siate in grado di esercitare la virtù della pazienza per assicurare che le vostre finanze e i vostri investimenti crescano e si sviluppino al massimo delle loro capacità. Per far apparire più realistico l'argomento o l'idea dell'indipendenza finanziaria, ci sono alcuni livelli e stadi di crescita propri della libertà finanziaria che dovrebbero essere osservati religiosamente.

Fase 1: Creazione di un fondo di emergenza. Molti individui affermano di essere interessati a raggiungere la libertà finanziaria, tuttavia, la loro vita è ancora determinata in base al prossimo stipendio o paga ricevuta. Non hanno un risparmio d'emergenza o un risparmio di qualsiasi tipo, tutti i loro fondi e soldi sono sontuosamente spesi nel momento in cui la loro azienda o società paga. Questa categoria di persone è comunemente indicata come individui che sopravvivono o vivono di stipendio in stipendio. Questo include anche il pagamento di qualsiasi debito della carta di credito, dato che porta una grande percentuale di interessi. Tuttavia, questa è la realtà della maggior parte degli americani medi, questa stessa categoria di persone sono anche gli stessi individui che affermano di essere interessati a raggiungere la libertà finanziaria o l'indipendenza, alcuni addirittura affermano che l'intero principio della libertà finanziaria è irraggiungibile. Come si può raggiungere la libertà finanziaria quando il debito continua a crescere nella sua percentuale di interessi? Perciò, è importante avere un conto di risparmio dove si è in grado di contribuire religiosamente con una percentuale del proprio stipendio per le spese impreviste e per evitare lo sperpero di denaro.

Livello 2: Pensionamento. In questa fase un individuo potrebbe essere stato in grado di raccogliere o risparmiare abbastanza soldi o fondi per lasciare il suo lavoro per un po' di tempo o a lungo termine. L'intera idea della libertà finanziaria è di raggiungere una fase in cui lavorare o impiegare diventa una scelta e non una necessità. Tuttavia, il pensiero di lasciare il proprio lavoro a lungo termine potrebbe sembrare ridicolo o irragionevole perché non si è in grado di prevedere le esigenze future. Se l'idea di un pensionamento completo è irragionevole per voi, il passo di prendersi una pausa dal lavoro per un po' è una spinta e un passo nella giusta direzione perché questo crea un'atmosfera familiare con la sensazione del pensionamento. Può essere considerato una preparazione in anticipo.

Livello 3: A questo stadio, ci si aspetta che gli individui siano finanziariamente stabili, cioè la capacità di assecondare i propri desideri principali e di risparmiare ancora una quantità sostanziale di denaro. C'è una sensazione di rilassatezza e fiducia quando si può affermare di essere finanziariamente liberi e di essere ancora in grado di contribuire al proprio piano di risparmio. Pertanto, ogni individuo in questa fase dovrebbe essere in grado di avere uno stile di vita soddisfacente e avere ancora una sostanziale quantità di denaro da risparmiare alla fine.

Livello 4: Tempo. Se siete un individuo che è stato in grado di applicare il piano di pensionamento anticipato, allora, vi renderete conto che avete una grande percentuale di tempo per voi stessi. Per investire in cose che effettivamente vi interessano non perché avete bisogno di assistenza finanziaria o di sostegno. Pertanto, in questa fase del vostro percorso verso la libertà finanziaria, il vostro tempo e il vostro programma diventerebbero flessibili. La flessibilità nel tempo e negli orari è strettamente collegata alla libertà finanziaria. Ad un individuo in questa fase viene data la libertà di scegliere le attività e gli eventi che compongono la sua giornata, inoltre sono in grado di perseguire i compiti per passione piuttosto che per costrizione, inoltre, un individuo diventa il proprio capo. C'è la decisione personale e lo spostamento del programma e del tempo e degli eventi per coinvolgere il proprio sviluppo personale, quindi, si possono spostare le cose nel proprio programma fino a quando si adatta ai propri obiettivi personali in quel momento. Ogni individuo ha familiarità con il fatto che una delle basi della libertà e dell'indipendenza finanziaria è quella di assicurarsi di perseguire le proprie passioni, avere più tempo per se stessi e per le persone importanti per voi senza esaurire i fondi per sostenere voi stessi e la vostra famiglia mentre lo fate. Ogni individuo che sostiene di appartenere a questo stadio dovrebbe essere in grado di farlo.

Livello 5: Un piano di pensionamento stabile. Gli individui nel loro percorso verso la libertà finanziaria devono essere stati in grado di assicurarsi un piano di pensionamento che sarebbe in grado di trattenere tutte le vostre spese future. Supponendo che tu sia un individuo che appartiene alla classe finanziaria regolare, devi assicurarti di aver guadagnato abbastanza per stabilizzare la tua vita dopo la pensione. Pertanto, è importante che tu abbia abbastanza fondi per realizzare lo stile di vita che desideri dopo il pensionamento. Questo viene fatto risparmiando o investendo in attività per garantire un flusso a lungo termine di reddito o dividendi. Inoltre, gli individui che sono stati in grado di accumulare flussi stabili di reddito passivo sono anche sulla strada giusta per un individuo che prevede di andare in pensione presto.

Livello 6: Libertà e indipendenza finanziaria. Questo è lo stadio finale che l'intero corso, la disciplina e i suggerimenti di questo libro sono designati a raggiungere. Si tratta di non doversi stressare per il profitto del vostro reddito passivo o per il prossimo stipendio e persino per il piano di pensionamento che avete stabilito. Si tratta semplicemente di una vita senza stress o preoccupazioni. Questa è l'esclusività che offre lo stato finanziariamente libero. Il raggiungimento di questo livello di solito significa che avete più soldi di quanti ne avrete bisogno per spendere, la maggior parte delle persone finanziariamente libere non raggiungono questo status, spesso si fermano al quinto stadio che è anche una percentuale di raggiungimento. Tuttavia, questo livello è di solito occupato da individui la cui ricchezza è ottenuta da lotterie o eredità o individui che fondano le proprie aziende di successo in modo indipendente. Esempi comuni di questi fondatori sono Bill Gates e Warren Buffet che hanno raggiunto con successo la libertà finanziaria. Le loro imprese o società hanno un successo tale che se qualcuno di loro decidesse di acquistare yacht, aerei e altre cose inutili, non riuscirebbe ad esaurire i fondi o la ricchezza raccolta. Questo è il vero significato di libertà finanziaria.

Quindi, avendo evidenziato i diversi livelli di libertà finanziaria, identificate lo stadio a cui appartenete e riflettete se siete veramente soddisfatti, se non lo siete, allora assicuratevi di identificare le cose che migliorerebbero la vostra crescita finanziaria per aiutarvi a raggiungere il livello specifico desiderato. Pertanto, la definizione di questi passi è di incoraggiare gli individui a continuare a far crescere la loro ricchezza e di creare la consapevolezza che c'è sempre di più da sostenere.

Nell'affermare che l'idea o il principio della libertà e dell'indipendenza finanziaria è effettivamente un'informazione realistica, è necessario condividere alcune testimonianze del movimento della libertà finanziaria. Perché esattamente questo è importante? Perché per alcuni o molti individui, vedere è credere e in questo caso, dovrebbero leggere situazioni reali in cui la libertà finanziaria è stata raggiunta per eliminare l'ideologia che è solo un mito che non potrà mai essere manifestato. Da qui, l'importanza delle seguenti testimonianze.

La prima testimonianza da prendere in considerazione è quella di Christina Yumul, che è stata in grado di trasferirsi da San Diego a un luogo diverso che era in realtà più costoso da permettersi - Maui, Hawaii. Oltre a trasferirsi, è stata in grado di saldare il suo debito di 30.000 dollari che era stato accumulato a causa di prestiti studenteschi e alcune spese eccessive. Questo particolare individuo è stato in grado di dare delle priorità, che era uno dei suggerimenti in questo libro, invece del costoso stile di vita delle feste per ottenere soddisfazione emotiva. Questo è stato sostituito con escursioni e ore sulla spiaggia che ha fornito un livello simile di relax. Con i fondi extra che è stata in grado di risparmiare facendo queste cose, è stata in grado di fare pagamenti minimi del suo debito in modo coerente. Oltre alla definizione delle priorità, un'altra scelta che l'ha aiutata è stata la sua richiesta di inviare le sue buste paga come contributi per pagare i suoi prestiti; grazie a questo, non è stata tentata di spendere lo stipendio o la paga di base perché non le è mai arrivata. Christina è stata in grado di gestire la piccola percentuale di stipendio che rimaneva spendendo per le necessità e non per i desideri, inoltre si è assicurata di non indulgere in prestiti con carta di credito perché questo avrebbe solo creato un'altra percentuale di debito da saldare. Pertanto, è stata in grado di stabilire l'indipendenza finanziaria pagando il suo debito, fondando la sua azienda e mantenendo una sana abitudine di spesa.

Inoltre, una coppia è riuscita a pagare un mutuo che doveva essere di 30 anni in 6 anni. 23 anni prima dell'anno originale previsto. Questa particolare testimonianza è stata resa da Paige Hunter. Questa particolare coppia ha condiviso che la parte più vantaggiosa del raggiungimento della libertà finanziaria è che sono in grado di contribuire a cause che effettivamente li interessano, e sono in grado di esplorare il mondo oltre quello che conoscono. La parte più interessante di questa storia è che gli Hunters sono rimasti abbonati alle notifiche del loro mutuo nonostante sia stato pagato. Pertanto, ricevono promemoria ogni mese per il mutuo e Paige ha descritto che le endorfine felici sono evocate in lei a causa di questa particolare conoscenza.

Vi starete chiedendo a questo punto "devo prendere un prestito o essere in debito prima che la libertà finanziaria sia una possibilità?" perché gli esempi precedenti sono partiti dalla posizione di debito. La risposta è "no", infatti, questa prossima testimonianza vi informerà che la libertà finanziaria è possibile per qualsiasi individuo di qualsiasi età o condizione. Questo è il caso di Jessica Jabbar, una dirigente pubblicitaria di 27 anni di New York City che sostiene di aver risparmiato sei cifre grazie all'aderenza a un regime di risparmio rigoroso. Secondo lei, è stata in grado di raggiungere questo punto di riferimento creando un budget rigoroso e dettagliato per ogni settore della sua vita e creando anche dei limiti per tutto ciò in cui era coinvolta. Questa persona crede anche che ora che ha fatto il suo primo milione, la cosa più ragionevole per lei è investire questi fondi. Crede che questi fondi come capitale d'investimento farebbero più profitto al suo stato finanziario rispetto a quando sono abbandonati in un conto bancario.

Per Sara Woznicki, dopo essersi laureata al college come ale per assicurarsi un lavoro come specialista di marketing a Richmond, perché il suo particolare lavoro aveva una fascia di stipendio bassa, ha lottato per pagare l'affitto e arredare il suo appartamento. Tuttavia, con l'assistenza dei suoi genitori è stata in grado di realizzare alcuni dei suoi desideri. Tuttavia, dopo aver ottenuto un lavoro meglio retribuito, i suoi genitori le hanno ancora fornito un po' di assistenza, anche se era minima rispetto al livello che fornivano nel suo precedente lavoro. Secondo Sara, anche dopo aver ottenuto una certa percentuale di responsabilità a causa della riduzione del sostegno dei suoi genitori, non era esattamente libera finanziariamente fino a quando non è stata incoraggiata a ottenere la propria assicurazione auto. La responsabilità dell'assicurazione dell'auto era solo su di lei e non poteva testimoniare o accertare che lo fosse finanziariamente fino a questo punto. Con la libertà finanziaria e l'indipendenza appena stabilite, è stata in grado di risparmiare e viaggiare al di fuori del suo paese per la prima volta, che è uno dei benefici disponibili o esclusivi di uno stato finanziariamente libero.

Tuttavia, in alcuni casi, non si sente di aver raggiunto la libertà finanziaria finché alcuni prestiti non sono stati pagati. In alcuni casi, la libertà finanziaria crea la disciplina che ti permette di acquisire solo le necessità della vita che non avrebbero un effetto negativo nella tua vita. Pertanto, la libertà finanziaria richiede una disciplina di bilancio, spesa e risparmio saggi. Per Jill Bong e suo marito, hanno potuto sperimentare la libertà finanziaria quando hanno ammesso il fatto che alcune cose non necessarie avevano un effetto negativo sul loro stato finanziario. Come hanno eliminato queste cose? Un esempio delle maggiori spese che non erano necessarie nella loro vita era la loro casa con un prestito elevato. Avevano una casa in Colorado che non stava contribuendo positivamente alle loro finanze, hanno deciso di trasferirsi in una zona più economica e questo ha avuto un effetto notevole sulle loro finanze. A causa di questo grande cambiamento nel loro stile di vita di sopravvivenza o di vita, sono stati in grado di contribuire meglio ad altre questioni che avevano interesse genuino e di investire in situazioni che avrebbero fatto crescere le loro finanze. Grazie a questo non si sono preoccupati del loro lavoro, poiché hanno una percentuale ridotta di spese e sono in grado di risparmiare di più.

Per gli individui interessati al movimento dell'indipendenza finanziaria e del pensionamento anticipato, Dj Whiteside è stato in grado di testimoniare sull'effetto degli investimenti in azioni, contanti e fondi comuni sul vostro piano di pensionamento anticipato. Questa particolare coppia aveva in programma di andare in pensione presto e si era assicurata di essere coerente nel contribuire al proprio piano di risparmio pensionistico. Ad un certo punto hanno deciso di esaminare il valore dei loro risparmi di pensionamento e di identificare se sarebbe stato sufficiente per loro nel lungo periodo. Si sono resi conto che avevano abbastanza fondi per i loro anni di pensionamento e che anche se avessero smesso di contribuire ai loro risparmi, avrebbero avuto una quantità sufficiente di denaro grazie ai loro investimenti e al loro stipendio. Secondo loro, la libertà finanziaria in relazione alla libertà finanziaria o all'indipendenza ti dà fiducia sulla tua vita dopo il pensionamento.

Quindi, in base al contenuto e al contesto di ciascuna di queste storie individuali, il concetto di libertà finanziaria non può essere generalizzato. La libertà finanziaria ha vari significati e interpretazioni individuali per persone in situazioni diverse. Per Sara Woznicki, non si è considerata finanziariamente libera finché non è stata in grado di tagliare tutti i legami finanziari con i suoi genitori. Pertanto, situazioni diverse definiscono la tua libertà finanziaria. Per alcuni individui, è essere in grado di comprare il gas o la benzina per i loro veicoli senza preoccupazioni, altri la capacità di trascorrere un tempo illimitato con la loro famiglia senza sentirsi in colpa per aver perso il lavoro. Per la maggior parte, è semplicemente essere in grado di perseguire le cose che li appassionano.

La libertà finanziaria è semplicemente essere l'autore della propria vita prendendo in mano le proprie finanze.